AFFAIRE

DES DÉPORTÉS

DE

LA MARTINIQUE.

DE L'IMPRIMERIE DE E. POCHARD,
rue du Pot-de-Fer, n° 14, à Paris.

AFFAIRE

DES DÉPORTÉS

DE

LA MARTINIQUE.

1823-1824.

MÉMOIRES, CONSULTATIONS,

PIÈCES JUSTIFICATIVES, ETC.

PARIS,

CONSTANTIN, ÉDITEUR, AU DÉPOT DES CHARTES,

RUE DE SEINE-SAINT-GERMAIN, N° 64.

MAI 1825.

AVIS DE L'ÉDITEUR.

La publicité a révélé à la France une grande plaie, a dit le Journal des Débats du 22 juillet : cette plaie est l'affaire des déportés de la Martinique. Elle est doublement saignante. D'une part, on voit une liste de plus de deux cents personnes déportées sans jugement, c'est-à-dire, pour donner à la chose sa véritable qualification, une *proscription :* de l'autre, on apprend le misérable état dans lequel se trouvent les hommes de couleur libres dans nos colonies.

Le savant et courageux avocat qui a entrepris cette défense, a lui-même été censuré et poursuivi à ce sujet ; on aurait voulu ensevelir dans le silence une cause qui a fait tant d'éclat.

Si les ministres persistent à ne pas faire justice, l'opinion publique la fera (1).

Cette affaire sort du cercle ordinaire des causes judiciaires : elle intéresse de trop près l'humanité, la justice et la politique ; elle importe trop à l'honneur de la France ; elle excite dans le Nouveau-Monde une trop vive sollicitude pour que tous les actes n'en soient pas recueillis fidèlement.

---

(1) Depuis que ceci était imprimé, justice a été faite.

MÉMOIRE

POUR

LES DÉPORTÉS

DE LA MARTINIQUE.

Latet jus privatum sub tuteld juris publici.
Bacon, Aphorism. 3.

(Il n'y a pas de droits privés, là où il n'y a pas
d'institutions publiques.)

« On n'est coupable que lorsqu'on a été jugé. »
(Paroles de M. le Garde-des-sceaux à la Chambre des Députés, le 29 juin 1824.)

PARIS.

IMPRIMERIE DE J. TASTU,

RUE DE VAUGIRARD, N° 36.

1824

AU ROI

EN SON CONSEIL DES MINISTRES.

SIRE,

QUAND Votre Majesté inscrivait, dans l'article 73 de la Charte, ce principe que les colonies françaises seraient régies par des Lois et par des RÉGLEMENS particuliers, elle posait les bases d'une organisation *législative* tout à la fois et *réglémentaire* : elle annonçait à ses fidèles sujets des colonies, une charte spéciale et des institutions analogues à celles sous lesquelles sa haute sagesse a placé les Français de la métropole.

Digne successeur d'un prince qui mérita d'être appelé le restaurateur de la liberté française, Votre Majesté avait en vue le rétablissement, dans nos possessions d'outre-mer, de ces assemblées coloniales, dont Louis XVI, par une ordonnance à jamais célèbre du 17 juin 1787, avait réglé l'organisation sur le pied le plus libéral; non pas de ces assemblées *mi-partie d'agriculture et de commerce* (1), nom sous lequel on les désignait alors, et que l'on vient de rétablir en ces dernières années, assemblées composées de membres choisis sur la proposition des

---

(1) Créées les 23 juillet et 10 décembre 1759, réformées le 28 mars 1763, et remplacées temporairement par des assemblées plénières ou de notables.

préfets coloniaux, dont l'impuissance a été plusieurs fois proclamée par nos Rois; mais d'un corps vraiment représentatif, tirant sa force de son élection, stipulant les droits du peuple, et renouvelé tous les quatre ans.

Le bienfait de ces institutions protectrices était attendu avec d'autant plus d'impatience dans nos colonies, que le mélange toujours croissant des castes, y a produit des germes de dissensions que les préjugés et les prétentions excessives des blancs tendent incessamment à accroître, et que l'abolition graduelle et désormais assurée de l'esclavage, appelle dans la classe des hommes libres de couleur, un grand nombre de citoyens. Le temps est venu, pour les blancs qui forment une classe à part et privilégiée, et qui seuls jouissent des droits civils et politiques, de partager enfin les avantages sociaux avec ceux qui supportent comme eux toutes les charges publiques.

On peut le dire hautement, parce que c'est une vérité généralement sentie : si nos colonies ne sont pas montées au degré de prospérité auquel elles sont appelées par la marche progressive des choses dans le Nouveau-Monde; si même elles sont tombées dans un état de souffrance et de pauvreté reconnues par les hommes de toutes les opinions; si elles sont une charge pour la métropole (1); c'est que la législation y a été stationnaire ou pour mieux dire rétrograde.

Les institutions qui les gouvernent, bien loin de protéger l'industrie et d'aider au développement des facultés morales et intellectuelles de la population de ces contrées, tendent au contraire à les comprimer.

Cette erreur est d'autant plus grave, elle est d'autant plus fâcheuse, que de toutes parts sur le conti-

(1) *La Martinique*, au lieu de grossir le trésor royal, lui coûte chaque année plus d'un million. Il en est de même des autres colonies, à l'exception, dit-on, des établissemens de l'Inde.

nent et dans l'archipel des Antilles, la civilisation a fait d'immenses progrès; le vieux système colonial a péri dans les anciennes colonies espagnoles.

Les colonies anglaises ont obtenu de la sagesse du gouvernement britannique des institutions basées sur celles dont Louis XVI a donné le modèle dans l'édit de 1787, qui concilient les intérêts de la métropole, avec la protection que tout habitant d'un État a droit de réclamer de ceux qui le gouvernent. Même dans les colonies qui n'ont point encore de législature coloniale, telles que la Trinité, Sainte-Lucie, Demerary, et là plus qu'ailleurs, S. M. le roi de la Grande-Bretagne, vient d'améliorer considérablement le sort de la population esclave (1). Partout les hommes de couleur, qui forment la base de la population, ont obtenu la jouissance de l'intégrité des droits civils. Ils sont, à cet égard, sur un pied d'égalité parfaite avec les blancs ou créoles; partout le droit est substitué au privilége.

Les colonies françaises ressentent les mêmes besoins; elles ont les mêmes droits, et notre gouvernement est trop sage et trop éclairé, la promesse faite par notre auguste monarque est trop formelle et trop précise, pour qu'on les laisse plus long-temps dans le provisoire; pour que les vœux de cette intéressante partie de l'empire français soient plus

_____

(1) Un ordre du conseil privé du mois de mars, communiqué aux deux chambres du parlement, qui est annoncé comme le précurseur d'améliorations plus grandes, abolit l'usage du fouet, comme une peine envers les individus du sexe féminin, et comme emblème d'autorité, et un stimulant au travail pour tous les autres; des réglemens précis sur les punitions à infliger aux mâles; des dispositions propres à encourager et valider les mariages entre esclaves; des facilités pour les affranchissemens et rachats. On accorde aux esclaves la capacité du témoignage en justice; on va jusqu'à leur garantir les droits de propriété, avec faculté de disposer. Les ministres ont dit, avec raison, que par-là l'esclave commençait à entrer de la classe des brutes dans celle des hommes, et qu'on le traitait comme un enfant mineur.

long-temps ajournés, pour qu'enfin les hommes de couleur libres restent privés de la participation aux droits civils et de cité, réduits qu'ils sont à l'état de véritables PARIAS.

Le malheureux événement qui donne lieu à la publication de ce Mémoire, en démontre d'ailleurs l'urgente *nécessité;* car il sera *prouvé* que les hommes de couleur sont privés de la protection des lois, qu'ils ne jouissent pas même des droits civils. Il ne faut pas que des bannissemens en masse se renouvellent, et qu'une population tout entière puisse être mise hors la loi sur le plus léger soupçon, et sous prétexte d'une conspiration que les élémens judiciaires démontrent tout-à-fait imaginaire.

Dans toutes les colonies françaises, et à la Martinique en particulier, la pratique de l'esclavage que l'un des ministres du Roi (1) a si bien nommé *un crime légal*, a produit ce mal, qu'elle a accoutumé les blancs à se considérer comme des hommes d'une espèce supérieure, ayant droit d'exploiter à leur profit exclusif, la population de ces colonies qui s'y trouve parquée et enfermée, pour ainsi dire, comme dans une prison perpétuelle (2).

Oubliant qu'aux yeux de Dieu et de la religion qu'ils professent, tous les hommes naissent libres, qu'ils ont également droit aux produits de la terre, et que les indigènes des Antilles avaient même une

---

(1) Note officielle de M. le vicomte de Châteaubriand au congrès de Vérone, en réponse au Mémoire de l'ambassadeur de S. M. B. relativement à l'abolition de la traite.

(2) D'après les réglemens coloniaux, tout individu né sur le sol des colonies (excepté les Européens ou les blancs), ne peut le quitter et réaliser sa fortune, sans la permission du gouverneur. On ne peut pas même, sans cette permission, quitter un quartier pour aller s'établir dans un autre.

Autrefois quand un nègre avait touché le sol français, il était libre. Lettre du ministre du 5 février 1698. Mais les temps sont changés!

possession antérieure légitimée par la mise en cul-
ture, les premiers colons, presque tous aventuriers,
en abandonnant la flibuste (1), et devenant planteurs,
parce qu'il y avait moins de dangers, abusèrent à
si haut point du prétendu droit de la victoire, qu'ils
firent périr les habitans par le fer ou les réduisirent
en esclavage, et lorsque cette innocente population (2)
eut disparu presque tout entière par leur barbarie,
ils la remplacèrent par l'odieux trafic connu sous le
nom de TRAITE DES NOIRS.

Ces abus cruels demeurèrent sans aucune répres-
sion jusqu'au milieu du dix-septième siècle, qu'ils
excitèrent l'attention et éveillèrent la sollicitude et
l'humanité de nos rois. Le gouvernement intervint
pour empêcher les mêmes excès de se renouveler.

On ne pouvait détruire le mal dans sa racine ; on y
chercha des palliatifs.

Louis XIII ne consentit qu'avec beaucoup de
peine (3) à souffrir que les premiers habitans des
îles eussent des esclaves. Fidèle à cet ancien principe,
que toute terre soumise à la souveraineté du roi de
France, est une terre de liberté, il voulait que tous
ses sujets des colonies fussent libres ; mais on parvint
à lui persuader, contre les principes les plus certains
de la religion chrétienne, que le maintien de l'esclavage était le plus sûr, et même l'unique moyen de
tirer les Africains indigènes de l'idolâtrie.

Un édit rendu par ce prince à Narbonne, au mois
de mars 1642, donna les îles de l'Amérique, et no-

___

(1) *Voyez* le père Labat, l'Histoire générale des Voyages,
liv. VIII, chap. 1er, 2 et 3, et les Annales de Saint-Domingue et
de la Martinique. *Ducasse*, qui a été gouverneur de Saint-Domingue en 1711, avait été chef des flibustiers ou pirates. Une
déclaration du roi du 5 juillet 1722, défend d'envoyer à l'avenir
aux colonies des vagabonds et gens sans aveu.

(2) Les Caraïbes.

(3) Le père Labat, cité Histoire générale des Voyages, par
La Harpe. Liv. VIII, chap. 2, pag. 138, édition in-12. — 1822.

tamment la Martinique (1) à titre d'inféodation, à une compagnie privilégiée, à la charge d'y établir et d'y faire fleurir la religion catholique.

Par l'établissement de cette compagnie, on mettait un frein à l'avidité et à la barbarie des premiers possesseurs.

« Et d'autant, porte l'article 13 de cet édit, qu'aucuns de nos sujets pourraient faire difficulté de transférer leurs demeures ès-dites îles, craignant que leurs enfans ne perdissent leur droit de naturalité en ce royaume; nous voulons et ordonnons que les descendans de Français habitués auxdites îles, et MÊME LES SAUVAGES CONVERTIS A LA FOI CHRÉTIENNE, seront censés et réputés NATURELS français, capables de toutes charges, honneurs, successions et donations, ainsi que les originaires et régnicoles. »

Louis XIV, s'étant aperçu que la compagnie abusait des pouvoirs qui lui étaient conférés (2), révoqua ses priviléges par édit du 1ᵉʳ avril 1679, et il en reprit la protection directe, qu'un gouvernement ne doit jamais abandonner sur les peuples soumis à sa souveraineté.

Malgré cette révocation, les créoles ou planteurs, descendans des familles anciennement établies dans les Antilles, se considérent toujours soit comme conquérans, soit comme souverains seigneurs et propriétaires du sol, à la charge d'un stérile *hommage* envers la couronne de France; plus d'une fois ils se sont permis de s'insurger contre les gouverneurs, et d'em-

---

(1) C'est la première loi insérée dans le Code de la Martinique, six vol. in-8°, d'où toutes nos citations de lois sont extraites, ainsi que du savant et volumineux recueil des Constitutions des Colonies, par Moreau de Saint-Méry. Six vol. in-4°.

(2) On peut voir dans l'Histoire des Voyages, *ibid.*, pag. 162, les obstacles que les compagnies privilégiées apportèrent à l'accroissement de Saint-Domingue.

barquer ceux dont l'administration ferme et sévère, conforme aux intentions formellement exprimées dans les ordonnances de nos rois et dans leurs mémoires d'instructions, tendait à rabaisser leur orgueil et à rétablir l'égalité des droits et une autorité protectrice de tous les intérêts.

Plus souvent encore, par des mémoires adressés clandestinement au ministère des colonies, ou par les sollicitations intéressées des députés coloniaux, ils ont calomnié la conduite des gouverneurs les plus respectables, et ils en ont obtenu le rappel.

Les gouverneurs qui ont voulu se maintenir plus long-temps dans leur commandement, ou qui, par faiblesse ou par les préjugés de leur naissance, épousaient les intérêts de la classe privilégiée, ont dissimulé au gouvernement du roi l'oppression sous laquelle gémissent les hommes de couleur et les esclaves.

Elle n'avait pas cependant échappé à l'attention du grand roi, et par un édit du mois de mars 1685 (appelé le Code noir), il crut y mettre un terme pour l'avenir. Par cette loi, le sort des esclaves fut considérablement adouci (les lumières n'étaient pas encore assez avancées pour qu'on songeât à l'abolition graduelle de l'esclavage, par la prohibition de la traite).

On va juger par les dispositions relatives aux hommes de couleur libres, de l'esprit de libéralité qui dominait alors dans le conseil du roi.

« Déclarons (dit l'art. 57) l'affranchissement fait » dans nos isles, tenir lieu *de naissance*, et les es- » claves affranchis n'avoir besoin de nos lettres de » naturalité, pour jouir de l'*avantage* de nos sujets » naturels du royaume, encore qu'ils soient nés dans » les pays étrangers. »

Et dans l'art. 59, on lit :

« Octroyons aux affranchis, les mêmes *droits*, *pri-* » *viléges* et *immunités* dont jouissent les personnes » libres; voulons que le mérite d'une liberté acquise,

» produise en eux, tant pour leurs personnes que
» pour leurs biens, les mêmes effets que *le bonheur*
» *de la liberté naturelle* cause à nos autres sujets.»

On trouve dans cette disposition d'une loi solennelle, enregistrée dans tous les tribunaux des colonies, la base de toutes les améliorations accordées par Louis XVI, et de nouveau promises par V. M. (1). On y concède aux hommes de couleur, non-seulement la plénitude des droits civils, mais encore l'intégralité des droits politiques, qui peuvent ou pourront être départis aux créoles des colonies.

Quand même ceux-ci les réclameraient à titre d'immunités ou de *priviléges*, les hommes de couleur y participeraient comme eux-mêmes.

Telle est la Charte octroyée il y a plus d'un siècle par le grand roi à la population des Antilles.

Il est de toute évidence que, dans les conseils de Louis XIV, on avait reconnu l'illégitimité primordiale

_____

(1) On lit dans l'ordonnance du 22 novembre 1819, qui n'est que le développement d'une partie des promesses consignées dans l'article 73 de la Charte, article 4 :

« Voulons, *en conformité du droit public des Français*, qu'à
» dater du jour de l'enregistrement de la présente ordonnance
» dans nos colonies, tous arrêts et jugemens soient motivés,
» et qu'à partir du même jour, la peine de la confiscation des
» biens des condamnés, soit abolie.

» Seront au surplus repris et complétés, sous le moindre
» délai, les travaux commencés relativement à la mise en vigueur dans nos possessions d'outre-mer, des dispositions des
» nouveaux Codes.

» Une organisation judiciaire, aussi rapprochée que faire
» se pourra de celle de la métropole, sera établie dans les colonies.

» A la Martinique, ils seront rédigés par le commissaire de
» justice, que nous y envoyons à cet effet. »

Nos Codes sont tellement basés sur des principes d'égalité, que pour en ôter le bienfait, on a été obligé d'en modifier les dispositions, là où ils ont été publiés.

de l'esclavage (1); et si la raison d'Etat empêchait de l'abolir alors, le vice originel s'en trouvait du moins entièrement effacé par (2) l'affranchissement; on ne voulait pas que la dignité que l'Etre-Suprême a imprimée à l'homme, (quelle que soit sa couleur,) fût flétrie en la personne des hommes de couleur libres, par aucune de

---

(1) Le gouvernement de Louis XV lui-même, malgré sa faiblesse, et quoiqu'il ait augmenté, au lieu d'adoucir graduellement les sévérités du Code noir, et rétracté plusieurs des concessions de son auguste prédécesseur, le gouvernement de Louis XV, par une ordonnance célèbre du 2 mars 1739, a défendu la traite des Caraïbes et des Indiens.

Y avait-il un autre motif que l'intérêt et la cupidité, de traiter autrement les Africains? Des décisions spéciales des 7 janvier 1763 et 27 mai 1771, ont cependant fait cette distinction outrageante envers la raison et l'humanité.

(2) On lit dans une lettre ministérielle du 5 février 1698, que le gouverneur de Saint-Domingue proposait de porter une loi qui déclarerait libres tous les mulâtres, dès qu'ils auraient atteint leur vingt-unième année. Moreau de Saint-Méry observe que c'était *alors* un usage assez communément observé à Saint-Domingue et ailleurs de le leur accorder; preuve sans réplique que l'on a rétrogradé. L'esclavage n'est pas ce qu'il y a de plus avantageux pour les planteurs eux-mêmes.

On a prouvé au parlement d'Angleterre, dans la séance de la chambre des communes du 13 mai, que dans les colonies américaines, un homme libre fait deux fois plus de travail qu'un esclave. M. Steele, voyant décroître sensiblement le revenu d'une grande plantation qu'il avait à la Barbade, s'y transporta en 1790 pour en découvrir la cause et pour tâcher d'y remédier. Il avait mille soixante acres de terre et deux cent quatre-vingt-huit esclaves; le nombre des naissances avait été de quinze dans les trois dernières années et celui des décès de cinquante-sept. Il supprima le fouet, transforma ses esclaves en petits fermiers, et établit un tribunal de Nègres, pour punir les offenses et les contraventions. Dans les quatre années suivantes, les naissances s'élevèrent à quarante-quatre, les décès à quarante-un, et le revenu se trouva triplé. M. Whitmore a fait remarquer que le prix des terres est d'un tiers plus élevé dans la Pensylvanie où l'esclavage n'existe pas, que dans la Virginie, cultivée par des esclaves. Dans le Maryland, la différence est même plus grande; les terres de la partie haute, où il n'y a pas d'esclaves, valent moitié de plus que dans la partie haute où l'esclavage est pratiqué.

ces distinctions humiliantes qui sont effacées presque partout, et qui n'existent plus guère qu'à la Martinique.

Voyons maintenant comment les Chartes de 1642 et de 1685 ont été respectées par ceux qui ont exercé l'autorité du roi dans les colonies.

Nous avons déjà signalé les moyens employés par les créoles pour subjuguer les gouverneurs. Ils en ont employé un autre bien plus efficace, qui à lui seul suffisait pour paralyser tous les efforts qu'on aurait tentés pour y maintenir l'égalité entre les castes.

Les conseils supérieurs ou cours de justice, établis dans les colonies (1), ont reçu ou usurpé le droit de faire des *réglemens* généraux, et par suite, de partager avec les gouverneurs, ou même d'exercer sans partage, la puissance législative.

Que l'on parcoure dans les volumineux recueils des constitutions de Moreau de Saint-Méry, et dans le Code de la Martinique, la longue et fastidieuse série des actes de cette législation locale, et l'on verra perpétuellement les conseils supérieurs lutter contre les gouverneurs (2), refuser d'enregistrer leurs ordonnances (3), et publier eux-mêmes des réglemens odieux et tyranniques (4).

_____

(1) Celui de la Martinique a été institué par édit de Louis XIV du 11 octobre 1664 ; et jusqu'en 1684 les arrêts et réglemens de ce conseil ont régi Saint-Domingue et ses dépendances.

(2) Le 3 octobre 1700, le gouverneur s'est plaint de ce que le conseil avait fait contre lui information de vie et mœurs. Le 1er juin 1815, le conseil supérieur de la Guadeloupe a délibéré des remontrances au roi contre l'enregistrement d'une ordonnance.

(3) Ils les ont même souvent annulées, et le ministre a été obligé de rappeler aux gouverneurs qu'ils ne devaient pas le souffrir. Lettres des 14 avril 1710, et 20 avril 1711.

(4) Le 16 février 1660, défense aux femmes de monter dans les chambres hautes des marchands magasiniers et cabaretiers, hors la présence de leurs maris, à peine de 4000 fr. d'amende et du bâillon et carcan.

13 octobre 1671, établissement contre les nègres des mutilations et de la peine du jarret coupé.

Ces conseils sont composés de propriétaires pris exclusivement dans la classe privilégiée. Louis XIV avait voulu, par un édit de 1681, qu'au moins ils fussent tenus de motiver leurs arrêts; mais ils ont résisté à son exécution jusqu'en 1819, époque de la publication de l'ordonnance spéciale de V. M.

Louis XIV voulut aussi, pour préserver ses sujets des effets de l'ignorance de ces juges et des préjugés de caste, qu'ils fussent *gradués*, et comme il n'existe

---

10 décembre 1674, introduction de la torture; elle a lieu, en mettant les pieds du patient auprès du feu, préalablement frottés d'huile et de souffre.

(Une ordonnance de Louis XIV, du 13 mars 1713, défendit aux blancs de soumettre leurs esclaves à la question, ce qui pourtant est encore aujourd'hui pratiqué, et n'est jamais réprimé, parce que les esclaves n'osent se plaindre. Louis XVI a aboli la question préparatoire par un édit du 8 avril 1781.)

Le 13 janvier 1676, le conseil supérieur interdit l'exercice des fonctions des avocats, craignant sans doute des représentations courageuses.

En 1723, il défendit même d'écrire les moyens des parties.

Le 22 novembre 1713, on nomma un avocat unique, faiseur de requêtes.

Le 5 octobre 1716, le conseil ordonna que quand une partie ne pourrait parler, le procureur-général parlerait pour elle.

Le 4 octobre 1677, il fait un réglement sur la police des esclaves, et les mutilations forment la base de ce Code barbare. On coupe d'abord le nez ou les oreilles, puis une jambe (que l'on attache à la potence), puis les deux jambes, etc. Une ordonnance du 1er mars 1768 a même substitué ces cruelles mutilations à la peine de mort contre les esclaves, quoique la peine capitale fût souvent préférable et toujours moins dégradante pour ces malheureux. Il semble même que l'intérêt des maîtres s'opposait à ce changement. Il est du moins certain qu'ils s'élevèrent contre les mutilations, tant qu'il fut de jurisprudence que le prix de l'esclave qui mourait par suite de l'exécution, ne devait pas être remboursé à son maître. (Note de Moreau de Saint-Méry sur une ordonnance du 16 août 1700. Arrêt du conseil supérieur du 11 août 1718.) Dans le cas où on y aurait persisté, ils auraient préféré l'impunité.

Le 7 avril 1758, le conseil supérieur fit défense aux esclaves de s'assembler pour *prier* lors des funérailles de leurs compagnons, sous prétexte de pratique superstitieuse.

pas d'école de droit dans ces contrées, cela voulait dire, qu'ils fussent Européens, au moins en majorité.

Ce sage édit n'est pas encore exécuté à la Martinique ; le procureur-général seul est choisi parmi les magistrats de la métropole ; mais que peut un seul homme contre l'esprit colonial ? Il arrive toujours avec les meilleures intentions, mais bientôt il est circonvenu ou subjugué par son intérêt (1) ; car s'il résiste, il est révoqué ou embarqué (2).

Si les gouverneurs n'ont pu garder leur indépendance, il en doit être, à plus forte raison, de même des procureurs-généraux. C'est pour se soustraire à cette influence coloniale, et pour reconnaître les besoins des colonies, qu'il est passé en principe de renouveler fréquemment les fonctionnaires supérieurs et les magistrats.

La justice rendue par des Tribunaux ainsi constitués, ne peut être que partiale (3), et l'on peut dire

---

(1) Un magistrat envoyé d'Europe pour exercer, dans la ville de Saint-Pierre (Martinique), arriva dans cette colonie avec les meilleures dispositions et les principes d'équité qui caractérisent le véritable magistrat. Il fit respecter la justice, et il s'était attiré par sa fermeté les bénédictions de tous. La justice se rendait comme en Europe. Les colons se liguèrent contre lui, et firent plusieurs sorties indécentes. Il sentit qu'il ne pourrait résister longtemps ; voici en quels termes un jeune créole rendait compte de sa conversion à son oncle, ancien avocat aujourd'hui à Paris : « Je vous apprends, cher oncle, que nous avons enfin » réussi à convertir au système colonial notre procureur du » roi ; il est aujourd'hui comme il faut être ; nous lui faisons » épouser une créole ; le voilà, en un mot, colon, quoiqu'il le » soit déjà dans toute la force du terme. »

(2) Le 10 mai 1714, un procureur-général a protesté, avant son embarquement, contre la cabale formée contre lui, au sein du conseil, disant qu'il en référerait au roi.

(3) Relativement aux esclaves, un arrêt du conseil supérieur, du 20 octobre 1670, a condamné un nègre à avoir la jambe coupée pour avoir tué un bourriquet.

10 mai 1671, Arrêt qui, pour punir Brocard d'avoir brûlé avec un tison ardent les parties naturelles d'une négresse, le condamne à 500 fr. d'amende seulement. Brocard n'ayant pas cette

qu'elle est l'injustice même, lorsqu'il s'agit d'intérêt de caste ; lors, par exemple, qu'un homme de couleur réclame contre un créole le paiement de quelque créance, ou lorsqu'il se plaint d'avoir été maltraité. On en cite à cet égard des exemples qui passent toute croyance.

---

somme à sa disposition, trouva de suite un blanc pour la lui fournir.

17 juillet 1679. Arrêt du conseil supérieur qui après avoir condamné des nègres à avoir la jambe coupée et des négresses à avoir le nez coupé, avec une fleur de lys sur le front, pour avoir cherché à s'échapper, déclare avoir usé d'indulgence, et annonce qu'il prononcera à l'avenir le dernier supplice. Cette terrible promesse s'exécute, et comme les peines sont encore arbitraires dans les colonies, c'est-à-dire soumises à la discrétion des juges, nous avons vu au XIXe siècle deux arrêts du conseil de la Martinique, du 1er décembre 1815, qui condamnent à la peine capitale le jeune Elysée et ses compagnons, pour avoir, en cherchant à sortir de la colonie sur une barque, commis le crime d'avoir voulu dérober le prix de leurs personnes à leur maître ; d'autres à avoir les jarrets coupés, et la mère d'Elysée à assister à l'exécution de son fils, et à garder prison perpétuelle, pour avoir, pendant quatre mois, dérobé son enfant aux recherches de la justice!

14 novembre 1712. Arrêt du conseil supérieur qui interdit plusieurs médecins de leurs fonctions, à cause de leur incapacité, et leur permet seulement de se livrer au traitement des nègres.

Pour donner une idée de la justice du conseil en certains cas, nous citerons l'arrêt qu'a rendu, le 22 septembre 1721, celui de Saint-Domingue.

« Lefebvre, capitaine des milices, est entré, et a présenté sa dénonciation contre vingt-un nègres, dont cinq armés et le reste chargés de bagage, accusés de désertion chez l'Espagnol; sur quoi le conseil, vu le réquisitoire de M. le comte d'Arquian, la plainte ayant été communiquée auxdits nègres présens, et fait interpellation judiciaire de reconnaître la vérité en présence de Lefebvre, qui leur a soutenu le tout véritable, à quoi ils ont répondu que quoiqu'ils eussent des armes, ils avaient dessein de revenir, le tout vu et *mûrement considéré*, et ouï le procureur-général; LE CONSEIL, *sans aucune formalité, pour cette fois et sans tirer à conséquence* ; attendu la nature du fait, a déclaré les deux nègres, Alexandre et César, atteints et convaincus de désertion, soulèvement et rébellion les armes à la main (la désertion seule était vraisemblable), et Bazat,

Si, au contraire, un homme de couleur se rend coupable du moindre méfait, envers un blanc, ou se permet quelque sarcasme contre la classe privilégiée, il n'y a pas de punition assez forte pour réprimer un tel excès d'audace. Les bannissemens, les déportations, les condamnations aux galères, le dernier supplice même suffisent à peine.

Quand on ne peut les atteindre en détail, on suppose une conspiration. (Ordonnance anglaise du 20 septembre 1811.)

On a vu, jusque dans ces derniers temps, des barbaries qui effacent tout ce que l'Asie a inventé de plus cruel en ce genre (1). Les mutilations, la torture, le

---

» Justinien, Francœur, Louis, Marin et Thérèse, complices ;
» pour réparation de quoi, le conseil a condamné Alexandre
» et César à être pendus et étranglés, et ensuite leurs têtes
» coupées et élevées sur des piquets, à laquelle exécution Ba-
» zat et autres assisteront, et seront fustigés et flétris d'un fer
» chaud, avec défense de récidiver sous peine de la vie. »

Dans quel pays du monde suffit-il du témoignage d'un seul homme pour conduire tant de malheureux à l'échafaud, à des peines afflictives et infamantes?

On est dans l'usage d'y mettre à prix la tête des nègres; malgré qu'un arrêt du conseil d'État du roi, du 30 septembre 1726, ait cassé un arrêt du conseil supérieur, qui l'avait ainsi ordonné.

« Il y a des habitans, dit une lettre du ministre, du 30 sep-
» tembre 1727, qui, sur des soupçons qu'ils ont de l'existence
» de nègres sorciers, se donnent la licence de les faire mourir,
» les uns par le feu, les autres en leur brisant les os à coups de
» bâton ou de marteau, sans leur procurer le baptême. »

Telle est la misérable condition des esclaves, qu'il ne leur est pas permis de mourir, et qu'une ordonnance du gouverneur, du 3 janvier 1704, proclame que la condamnation aux galères perpétuelles, à leur égard, n'est pas une *peine*. Qu'est-ce donc, Grand Dieu! que la vie des esclaves, et qu'ont fait ces malheureux, pour être condamnés en naissant aux galères perpétuelles?

N'est-ce pas à cause de la rigueur outrée de ces *peines*, et pour que la mémoire des juges n'en demeure pas entachée, que l'on ordonne à des époques très-rapprochées la destruction de toutes les procédures dirigées contre les esclaves. (Arrêt du 24 septembre 1787.)

(1) Un arrêt du conseil supérieur de Saint-Domingue, du

supplice du feu, l'écartellement. Les peines y sont légalement arbitraires (1), c'est-à-dire que les tribunaux peuvent à discrétion appliquer une peine plus ou moins forte, selon l'inspiration de leurs malheureux préjugés.

---

20 janvier 1758, a condamné *Macondal* pour ses maléfices, sortiléges et ventes de poisons, à être *brûlé vif*, comme séducteur, profanateur et empoisonneur, après avoir été mis à la question, et ce, par application d'un édit du mois de juillet 1682 contre *les devins et magiciens*, qui n'avait jamais été publié dans cette colonie.

Le 11 brumaire an XI, à la Guadeloupe, le nommé P. Barsse, fut condamné comme conspirateur, à être rompu et brûlé vif, après avoir été exposé pendant trois heures sur la roue, et un chevalier de Saint-Louis, Millet *de la Girardière*, à être exposé vivant dans une cage de fer sur la place de la Pointe à Pitre, jusqu'à ce que mort s'ensuive.

Raynal dit qu'être exposé au soleil ardent de la Zône Torride, est un supplice plus cuisant, plus affreux que celui du bûcher. La cage de fer de sept à huit pieds de haut, à claire-voie, est exposée sur un échafaud. On y renferme le condamné, il y demeure à cheval sur une lame tranchante ; ses pieds portent sur des étriers, et il est obligé de tenir le jarret tendu pour éviter les atteintes de la lame. Sur une table devant lui, se trouve un pain et une bouteille d'eau, mais la garde l'empêche d'y toucher ; quand ses forces sont épuisées, il tombe sur le tranchant qui lui fait les plus cruelles blessures ; il se relève, il retombe encore..... Ce supplice dure trois ou quatre jours.

Nous aimons à dire que ces jugemens sont étrangers à la colonie de la Martinique ; mais leurs tribunaux ont les mêmes pouvoirs. Or, si l'on doit présumer qu'ils n'useront jamais du droit d'ordonner de pareils supplices, il est de l'honneur français d'abolir les peines arbitraires dans les colonies, comme dans la métropole. Déjà le conseil d'état du roi de France l'avait essayé, le 22 avril 1754, en cassant un arrêt du conseil supérieur de Saint-Domingue. Il faut aussi faire en sorte qu'on n'y applique plus des édits contre les sorciers, et des lois inconnues et sans aucune force légale comme celle de 1757, appliquée à *Bissette*, *Fabien* et *Volny*. (Arrêts du conseil, 6 juin 1768, 23 avril 1771.)

(1) Voyez les ordonnances de 1685, 1743, et surtout l'art. 48 de l'ordonnance anglaise du 1er novembre 1809, qui porte que dans tous les cas d'infraction, dont la peine n'est pas déterminée, elle sera fixée par le procureur du roi, de concert avec le gouverneur.

La partialité des Tribunaux de la colonie s'est montrée même vis-à-vis des intérêts de la métropole. Ainsi un conseil supérieur a jugé (le 7 juillet 1735) que les créanciers des colonies devaient être préférés à ceux de France. On sait assez comme ils déguisaient la connaissance qu'ils avaient de navires négriers, lorsque des contestations judiciaires venaient à s'ouvrir devant eux, entre les intéressés, ou même lorsque les gouverneurs leur dénonçaient des contraventions à l'une des lois qui honorent le plus le gouvernement de V. M., celle relative à l'abolition de la traite.

Cette résistance n'existe plus, sans doute, mais cela prouve au moins que le gouvernement lui-même a peine à triompher de la ligue des intérêts coloniaux (1) soutenue par l'autorité des planteurs qui occupent toutes les places de magistrature.

On ne doit donc pas être étonné si les édits de 1642 et de 1685 sont restés sans exécution, relativement aux hommes de couleur libres.

Ces Chartes concédées à toujours, et même avec l'équitable promesse d'améliorations successives, veulent que les descendans des affranchis soient réputés *naturels français*, et jouissent de tous les avantages des autres sujets du royaume; et la France est pour eux comme la terre promise! ils ne peuvent venir y

(1) A une époque, le conseil supérieur du cap tint des registres secrets qui n'étaient pas déposés aux greffes. (Arrêts des 21 et 22 janvier 1773.) Ces arrêts furent cassés (13 et 18 avril 1776).
Ces conseils se sont refusés souvent à ce que leurs arrêts fussent déférés à la censure du conseil d'État, et ils ont fréquemment interdit les huissiers qui se permettaient de signifier de pareils recours. (9 septembre 1757, 12 juin 1776.)
Une dépêche ministérielle, du 27 juillet 1771, a statué sur la difficulté qu'a faite celui de la Martinique, d'envoyer la procédure, avec le jugement rendu dans son ressort, sur une accusation d'assassinat.

jouir de la fortune acquise par leur industrie (1).
Lorsqu'ils en obtiennent la permission pour des affaires
graves, c'est à la charge de donner caution du retour (2). A cette époque, ils ne pouvaient pas même
quitter le quartier où ils étaient domiciliés, et vendre
leurs propriétés pour les transporter dans un autre,
sans une permission (3).

On a dit, dans un Mémoire d'instruction du 25 janvier 1765, que les Colons sont des planteurs libres
sur un sol esclave. Ce n'était pas dire assez, au moins
quant aux hommes de couleur libres ; ils sont esclaves
comme le sol lui-même.

L'édit de 1642 dit qu'ils sont capables de toutes
charges, *emplois publics* et *honneurs;* et, dans le
fait, si un homme de couleur était élu par un département membre de la Chambre des députés, ou si
V. M., pour des services éclatans rendus à l'Etat, élevait quelqu'un d'eux à la pairie (chose qui ne serait pas
invraisemblable (4), car l'armée française compte au
rang de ses généraux, et le gouvernement, dit-on, au
nombre des ministres d'Etat, des hommes de couleur),
aucune exclusion ne pourrait les frapper ; ils siége-
raient au sein de la représentation nationale.

Eh bien! ces mêmes hommes, l'honneur de la mère-

---

(1) Arrêté du 13 brumaire an X, décision spéciale du 30 juin
1763.

(2) Ordonnances locales des 2 juin 1735, et 9 août 1777.

(3) Ordonnances locales des 30 avril et 25 août 1707. Le ministre, par une lettre du 7 septembre 1707, a dit qu'il n'appartenait pas à l'autorité de rendre des ordonnances faisant loi
entre les habitans dans leur commerce. Malgré cette défense,
ordonnance du 4 mai 1711, qui défend aux habitans du quartier de Léogane de vendre leurs habitations sans permission.
Voy. aussi l'ordonnance du 8 mai 1714.

(4) Il paraît même qu'elle s'est plus d'une fois réalisée ; on cite
plusieurs pairs de France, et des ministres qui sont des *sangs-
mêlés.* Notre célèbre peintre, M. Lethiers, et M. le général Roche,
qui a gagné tous ses grades sur le champ de bataille, sont des
hommes de couleur.

patrie, seraient dans nos colonies soumis aux distinctions les plus humiliantes; ils y sont déclarés incapables de noblesse (décision du 7 janvier 1767). Il leur est défendu de prendre la qualification de monsieur ou madame. (Arrêt du conseil supérieur du 6 novembre 1781.) Il leur est défendu, à peine de perdre la liberté, de porter des soiries et dentelles, et même des chapeaux. (Réglement local du 4 juin 1720) (1).

Une décision du 7 décembre 1723 les déclare, contre le texte formel de l'édit de 1685, incapables d'exercer

———————————————————

(1) C'est, dit un autre réglement des administrateurs de Saint-Domingue, du 9 février 1779, « c'est l'assimilation des gens de couleur avec les personnes blanches, dans la manière de se vêtir, le rapprochement des distances d'une espèce à l'autre, dans la forme des habillemens, les parures éclatantes et dispendieuses, l'arrogance qui en est quelquefois la suite, le scandale qui l'accompagne toujours, contre lesquels il est important d'exciter la vigilance de la police. » En conséquence, arrêté en trois articles ainsi conçu :

« Art. 1er. Enjoignons à tous gens de couleur, ingénus ou
» affranchis, de l'un ou de l'autre sexe, de porter le plus grand
» respect, non-seulement à leurs anciens maîtres, mais à tous
» les blancs en général, à peine d'être poursuivis extraordinai-
» rement si le cas y échet, et punis selon la rigueur des ordon-
» nances, même par la perte de la liberté, si le manquement
» le mérite.

» 2. Leur défendons très-expressément d'affecter dans leurs
» vêtemens, coiffures, habillemens ou parure, une assimilation
» répréhensible avec la manière de se mettre des hommes blancs
» ou femmes blanches. Leur ordonnons de conserver les mar-
» ques qui ont servi jusqu'à présent de caractère distinctif dans
» la forme desdits habillemens et coiffures, sous les peines por-
» tées en l'article ci-après.

» 3. Leur défendons pareillement tous objets de luxe dans leur
» extérieur, incompatibles avec la simplicité de leurs condition
» et origine, à peine d'y être pourvu sur-le-champ, soit par
» voie de police, ou autrement; par les officiers des lieux, et ce,
» tant par emprisonnement de leurs personnes, que confisca-
» tion desdits objets de luxe, sans préjudice de plus forte peine,
» en cas de récidive et de désobéissance, ce que nous commet-
» tons à la prudence desdits juges, sauf l'appel au conseil supé-
» rieur du ressort. »

aucunes charges dans la judicature ni dans les milices. On les flétrit, non-seulement dans le langage des privilégiés, mais encore dans les actes officiels, et même dans les lois coloniales, du titre de *sangs-mêlés* ; et ce qu'il y a d'incroyable, c'est qu'au lieu de favoriser le mélange des castes pour affaiblir cet intolérable préjugé, on est allé jusqu'à prohiber l'union des sexes et le séjour en France des hommes de couleur (1), comme si le sang d'un homme libre n'était pas toujours pur, et comme si ce que la Divinité tolère et protège sous le climat du nouveau et même de l'ancien monde, ne pouvait exister en Europe !

Un arrêt du conseil supérieur, du 18 février 1761, défend aux gens de couleur de s'assembler dans les églises et de catéchiser dans leurs maisons et habitations, à peine du fouet. Une ordonnance locale, du 9 février 1765, leur défend de s'assembler sous prétexte de noces, festins ou danses, à peine de 300 livres d'amende et de la perte de la liberté, même de plus graves peines s'il y échet.

Une autre ordonnance, du 11 mai 1785, leur défend de danser la nuit, et même le jour, sans la permission des officiers de l'administration.

Tous ces réglemens ont été renouvelés par un gouverneur anglais, le 1er novembre 1809. *Ils sont en vigueur.*

Une ordonnance des administrateurs, du 14 juin 1773, plusieurs fois renouvelée, leur a défendu de faire baptiser leurs enfans sous d'autres noms que ceux tirés de l'idiôme africain, ou de leur métier et couleur, avec injonction de ne jamais prendre le nom de familles blanches.

Même dans l'application des peines, il existe une partialité déplorable. Une décision du 13 mars 1778, ordonne la   ation d'un arrêt du conseil supérieur de   ce, qui avait condamné un

(1) Dé   ministérielle   u 20 juillet 1807.

homme de couleur à être pendu, pour injures et attentat prémédité contre un blanc, et ce, dit le ministre, afin de servir d'exemple et maintenir ces hommes dans la subordination.

Cette publication était inutile; car dès le 22 janvier 1767, le conseil supérieur avait condamné un mulâtre à être fouetté, marqué et privé de sa liberté pendant un temps indéterminé pour avoir battu un blanc. Lorsque ce sont les blancs qui excèdent de coups les mulâtres libres, on les condamne seulement à 300 livres d'amende. (Arrêt du conseil supérieur du 21 octobre 1783.)

Un autre arrêt du même conseil, du 9 juin 1780, a condamné deux femmes de couleur, libres, à être exposées au carcan avec cet écriteau : « Mulâtresses insolentes envers les femmes blanches. »

17 juillet 1783, arrêt du même conseil, qui condamne des mulâtres libres au carcan et au bannissement, pour avoir donné à jouer à des gens de couleur *libres*.

Arrêt du conseil supérieur du 22 octobre 1783, qui condamne un mulâtre aux galères pour avoir, sur le grand chemin, levé la main contre le sieur Gauthier, qui avait cherché à arracher de ses mains la négresse Ursule.

Un gouverneur anglais a osé dire, dans cet arrêté de 1809, qui a encore force de loi dans la colonie, et qui a été évidemment dicté par les préjugés de caste :

« Les gens de couleur libres savent qu'ils sont des » affranchis ou des descendans d'affranchis, et qu'à » quelque distance qu'ils soient de leur origine, rien » ne peut les rendre égaux aux blancs, ni leur faire » oublier le respect qu'ils leur doivent. »

Quelle distance entre le style injurieux de ce réglement et le noble langage des édits de Louis XIII et de Louis XIV ?

Quoi ! parce que les ancêtres de ces hommes libres auront été achetés par suite d'un trafic réprouvé par

la religion, par l'humanité, par le droit naturel, leur
postérité tout entière sera réduite à un état de dégradation légale, et les blancs s'autoriseront du crime
de leurs pères pour faire à jamais peser le sceau de
la réprobation sur les enfans de leurs victimes !

Le grand roi veut que le *mérite d'une liberté acquise, produise, tant pour leurs personnes que pour
leurs biens, les mêmes effets que le bonheur de la liberté naturelle!*

Et un arrêt du conseil supérieur, du 9 mai 1765,
défend aux notaires et avoués de les employer comme
clercs dans leurs études, parce que, dit cet arrêt,
« des fonctions de cette espèce ne peuvent être con-
» fiées qu'à des personnes dont la probité soit recon-
» nue, ce qu'on ne peut présumer se rencontrer dans
» une naissance aussi vile que celle d'un mulâtre. »

Comme si la probité était le partage exclusif des
blancs, surtout des Européens qui vont chercher fortune aux colonies, et comme si l'on n'avait pas vu
(et là seulement) des magistrats condamnés pour
avoir vendu leur crédit (1)! Comme si beaucoup d'autres n'avaient pas été mis en jugement, et plusieurs
rappelés comme suspects de favoriser sous main la
traite des nègres !

N'y a-t-il pas au fort royal de la Martinique un
procureur du roi qui, par suite des nombreux procès
que d'anciennes gestions lui ont suscités, passe quelquefois plusieurs mois sans pouvoir paraître au tribunal ? À l'égard de ses procès, on ne peut trouver
des juges pour les décider, parce que les magistrats
sont en petit nombre, et que les avoués qui les sup-
pléent, ont presque tous occupé contre lui.

Une dépêche de M. le comte de La Luzerne, du

---

(1) Arrêt du 5 mars 1811, contre le procureur du Roi à la
Pointre-à-Pitre (Guadeloupe). En jugeant ce magistrat préva-
ricateur, on a du moins observé des formes qui ont été violées à l'égard de *Bissette, Fabien, Volny,* etc.

5 juillet 1788, a ordonné aux administrateurs de la Guadeloupe de mettre fin à l'avidité des juges, qui imposaient alors des taxes exorbitantes, et s'attribuaient la plus grande partie du produit des confiscations. Votre Majesté, en abolissant la confiscation, et en mettant fin à la vénalité de la justice, a fait cesser les plus crians de ces abus.

Il est défendu aux blancs d'épouser des filles de sang-mêlé (1) ; ni la jeunesse, ni la beauté, ni les vertus ne trouvent grâce devant ce détestable préjugé ; on a même décidé que les nobles qui se seraient ainsi mésalliés (2) seraient privés de leurs priviléges de noblesse, et ordre a été donné au conseil supérieur de ne pas les enregistrer. (Décision du 26 décembre 1705, enregistré le 13 novembre 1704.)

Un arrêt du conseil supérieur, du 3 juillet 1719, a

----

(1) Réglement spécial de mars 1724. Décisions des 7 décembre 1723 et 25 septembre 1774. Les mariages ont été interdits, même en France ; arrêt du conseil supérieur du 5 avril 1778. Cependant, et comme la raison prévaut toujours sur les dérogations à la loi naturelle, un arrêt du 2 mai 1746 a ordonné de passer outre au mariage d'un blanc et d'une mulâtresse libre, à peine, contre le curé, de la saisie de son temporel.

Un ministre de Louis XV a écrit en 1771 (27 mai) que cette prohibition avait pour but de ne pas affaiblir l'*état d'humiliation attaché à l'espèce des hommes de couleur, dans quelque degré que ce soit, etc.*, prêtant à la majesté royale un langage indigne d'elle, et que toutes les ordonnances de nos rois désavouent. Ce ministre a osé dire que le gouvernement maintiendrait à jamais le principe qui doit écarter les gens de couleur et leur postérité de tous les avantages des blancs ; en conséquence de ces principes, ce ministre a cassé le marquis de........., capitaine de dragons, qui avait épousé, en France, une fille de sang-mêlé. Un autre ministre en 1807, a interdit aux officiers de l'état civil de célébrer de pareils mariages, et peut-être faudrait-il recourir à des formalités judiciaires, pour contraindre les officiers de l'état civil, qui refuseraient

(2) Arrêt du conseil supérieur, du 23 octobre 1783, qui maintient un sieur Reculé dans l'état et profession de blanc *non-mésallié*, et lui accorde une réparation de la part de celui qui l'avait appelé un *quarteron libre*.

destitué un tuteur pour avoir voulu marier sa pupille d'une manière non sortable, et a confié cette tutelle au procureur-général *qui l'avait demandée*. Un autre arrêt du 14 octobre 1726 a ôté à un mulâtre la tutelle d'une créole, *attendu sa condition*.

Une ordonnance du 17 avril 1762, a été jusqu'à défendre, sous peine de 1000 fr. d'amende (apparemment dans une famine), aux boulangers, de vendre du pain aux gens de couleur, et aux capitaines des bâtimens du commerce, de leur céder des farines sous les mêmes peines, *avant que les blancs fussent approvisionnés*.

L'édit de Louis XIV déclare les hommes de couleur libres capables toutes successions et donations; et par un arrêté colonial(1) du 6 brumaire an XIII, art. 3, qui a fait revivre une ordonnance du 5 février 1726 (laquelle était temporaire), ils ont été privés de cette capacité, qui est purement de droit civil. Il en résulte que des enfans de couleur sont exhérédés de la succession de leur père au profit de collatéraux au douzième degré, parce que ceux-ci sont blancs. Ainsi ce préjugé étouffe le cri de la nature (2) et tous les devoirs de la paternité.

Il semblerait que tous les enfans naturels devraient être rangés sur un pied égal; eh bien! ceux qui sont blancs succèdent à leur père ; ceux qui

---

(1) Il en est de même à la Guadeloupe. Arrêté du 7 brumaire an XIV, sur la publication du Code civil.

(2) L'un des déportés, le sieur Louis Anaclet, est porteur de pièces qui prouvent qu'un blanc, après avoir acheté la liberté d'un enfant naturel, ayant gardé ce titre pardevers lui, revendit sept ans après ce fils à M. Lagende de Saint-Pierre, comme esclave, et céda le titre de liberté, au sieur Anaclet, dont parla même, à défaut d'identité suffisante, la liberté n'est pas garantie. Araclet ne doit, dit-on, sa déportation, qu'à cette circonstance particulière, parce qu'averti de son état précaire, il menaçait de se pourvoir devant le gouverneur contre la fraude de son vendeur.

doivent la vie à des négresses, sont exclus de toute participation à l'hérédité : on ne peut pas les reconnaître, et tous les fidéicommis qui ont pour but de leur assurer des moyens d'existence, sont annulés : par-là, les blancs se sont placés dans le cas de se livrer sans contrainte au libertinage, et de ne pas même en supporter les charges.

On a poussé la naïveté jusqu'à dire, dans un réglement colonial du 12 mars 1806, que s'il y a des inconvéniens, à ce que les blancs puissent faire des libéralités aux affranchis et à leurs descendans, « il » n'y en a aucun à ce que ces derniers en exercent » envers les blancs ; que c'est même fournir à ces » affranchis les moyens d'acquitter les devoirs de la » reconnaissance à l'égard de leurs patrons ou au-» tres, en leur permettant de rapporter le bienfait » à sa source. »

L'intention de ces réglemens odieux et tyranniques est évidente : on ne veut pas que les hommes de couleur libres deviennent propriétaires (1).

L'art. 6 d'un arrêté du 5 vendémiaire an XI, renouvelé du réglement du 6 novembre 1781 (art. 16), et d'un acte du 30 avril 1764, et confirmé lui-même par l'article 7 du réglement anglais du 1er novembre 1809, leur interdit l'exercice de la médecine, de la chirurgie et des autres arts libéraux. Pour terminer ce tableau de la situation des hommes de couleur, nous dirons qu'il ne leur suffit pas d'être réellement en possession de la liberté pour avoir droit d'en jouir. Ce n'est plus comme autrefois une présomption légale que l'on est né libre ; une jurisprudence récente (2), oblige les hommes de couleur à justifier à des époques très-rapprochées de leurs titres de liberté

(1) L'aveu formel en est consigné dans un acte des magistrats de la Guadeloupe du 7 brumaire an XIV.

(2) La première sommation de ce genre, date du 7 juillet 1720.

et de celle de leurs enfans. Que répondraient les blancs, si ceux auxquels on conteste la liberté, les sommaient d'avoir à justifier eux-mêmes devant Dieu et devant les hommes de la légitimité de l'esclavage ?

Qu'est-il arrivé ? Que des hommes en possession de la liberté depuis un temps plus que suffisant pour acquérir la prescription, sont retombés dans l'esclavage. Un arrêt du conseil supérieur du Cap, du 7 février 1770, condamna un mulâtre à rentrer dans la servitude, après quarante ans de possession; son mariage était nul, et ses six enfans bâtards. Cet arrêt parut si odieux, que le gouverneur accorda la liberté à ce mulâtre, mais sans tirer à conséquence pour l'avenir. C'est un moyen de tenir les hommes de couleur dans la terreur et de les humilier.

Ne suffit-il que Dieu ait gravé sur la figure de l'homme sa dignité et sa liberté naturelle (1); et n'est-il pas affligeant, que ce soit au nom et dans l'intérêt d'un gouvernement, qui déclare par l'organe de ses ministres, que la traite est un crime, que l'on poursuive ainsi, sous le nom d'*épaves*, des malheureux que les anciennes lois coloniales elles-mêmes réputaient affranchis de droit à l'âge de vingt-un ans ?

Le but de tous ces réglemens est évident; on a voulu leur ravir le plus précieux des biens, la liberté que Louis XIII et que Louis XIV croyaient leur avoir assurée pour toujours. Car, qu'est-ce qu'une *liberté* soumise à de telles restrictions ? elle est quelquefois pire que l'esclavage; et dans le fait, il est certain que beaucoup d'hommes de couleur libres, pour obtenir le paiement leurs créances contre les blancs, et pour éviter de perpétuelles avanies, se mettent sous la protection (2) et se disent les esclaves des créoles qui quelquefois en ont cruellement abusé.

---

(1) *Os homini sublime dedit, cœlumque tueri*
Jussit, et erectos ad sidera tollere vultus. (OVIDE.)

(2) Dans tous les pays où il y a plusieurs castes, la législation

Qu'est-ce que la *liberté*, si on n'a pas les moyens de travailler librement pour vivre et pour élever sa famille, si l'on est exclus de toutes les professions lucratives, et si on ne peut utilement réclamer la protection des tribunaux? Qu'on juge par ce que les lois autorisent, et par le langage qu'elles tiennent à l'égard des hommes de couleur, de ce que doit être dans la pratique de la vie, la conduite des blancs à leur égard. Pour s'en faire une idée juste, il faudrait avoir vécu dans les Antilles.

Maintenant quels efforts d'industrie ne leur a-t-il pas fallu faire, pour sortir de l'état précaire où ils sont restés au sortir de l'affranchissement? Les blancs auraient volontiers consenti à leur laisser supporter la chaleur du jour, et le poids sans cesse renaissant des plus rudes travaux. Mais leur orgueil ne s'accoutumera jamais à voir un mulâtre sortir de la classe des artisans, se placer par sa bonne conduite, son intelligence et son industrie dans la classe supérieure, et donner de l'éducation à ses enfans.

Par les réglemens coloniaux, les arts mécaniques seuls étaient abandonnés aux hommes de couleur; mais les circonstances politiques des trente dernières années ayant fait tomber en désuétude ces réglemens que l'on fait revivre, les mulâtres se sont livrés à d'utiles spéculations; et aujourd'hui ils sont entrés dans la classe des propriétaires; ils se sont livrés au commerce extérieur: ils ont lié avec les principales maisons de la métropole et des autres États de l'Europe et de l'Amérique, des négociations également avantageuses pour les uns et pour les autres. Voilà la véritable conspiration dont

interdit aux hommes privilégiés de prêter leur nom à ceux de la caste inférieure. Dans nos établissemens de l'Inde, il est défendu aux gens à chapeau (les Européens) de se rendre cessionnaires de créances de propriétés, contre les naturels indiens, Maures ou chrétiens (Note sur l'arrêté du gouverneur général, M. le comte Dupuy, du 6 janvier 1819, au recueil complet des lois et des ordonnances, année 1820.)

ils se sont rendus coupables, et celle-là est permanente.

Les blancs s'indignent de les voir industrieux et riches, et c'est par des proscriptions qu'ils voudraient reconquérir leur ancienne supériorité.

Les planteurs s'aperçoivent que pendant qu'ils s'appauvrissent dans l'oisiveté d'une vie abandonnée tout entière aux jouissances, aux voluptés, leurs rivaux élèvent à côté d'eux des établissemens dont ils peuvent être justement jaloux.

Mais, comme le dit une bouche royale, la métropole *qui a plus d'une fois réprimé les prétentions excessives des blancs, qui s'est plaint de leur insubordination peu corrigée, et quelquefois même soutenue par les gouverneurs* (1), adoptera-t-elle leurs vues intéressées ? Quel gouvernement serait assez ennemi de lui-même et de ses administrés, pour les punir de ce qu'ils sont bons pères de famille, sujets fidèles, négocians habiles, et de ce qu'ils enrichissent la colonie et la métropole par leurs spéculations ?

Chose incroyable, si on n'en avait donné l'explication ! Plus la population des hommes de couleur augmente et s'améliore physiquement et moralement, plus le préjugé semble acquérir de force et d'empire ; c'est une preuve que ce préjugé est hypocrite. Les blancs eux-mêmes ne croient pas à l'infériorité des hommes de couleur, et c'est pour cela qu'ils craignent tant qu'on expose aux yeux du père commun des Français, le tableau des vexations autorisées par la législation locale.

On craint que V. M., suivant les traces de ses augustes prédécesseurs, ne fasse, par un acte de sa volonté souveraine, disparaître ces abus, en rappelant les édits de 1642 et de 1685 à toute leur vigueur.

Ce n'est pas que nous prétendions que tous les blancs qui résident aux colonies partagent ces cruels préjugés, qu'ils approuvent l'état d'humiliation où

---

(1) Louis XV; mémoire d'instruction du 25 janvier 1765.

sont placés les hommes de couleur. A Dieu ne plaise ;
il en est parmi eux, et ce sont les plus considérés (1)
et les plus éclairés, qui appellent de tous leurs vœux
un autre ordre de choses. Ils sentent qu'un système
colonial établi sur une législation aussi vicieuse, ne
peut amener que des catastrophes et l'anéantissement
de la prospérité des colonies.

Mais pour mettre un terme à ces abus, il ne suffit
pas de faire des déclarations de principes. Vainement
on donnerait acte, comme on l'a fait le 24 novembre 1768, à M. le prince de Rohan, gouverneur de
Saint-Domingue, de ce qu'il a dit que les affranchis
sont toujours sous la protection des lois, et que les
gens de couleur seront traités comme les autres sujets de S. M. dans la colonie ; vainement aussi on pu-
blierait de nouveau les édits de 1642 et 1685. Qu'a
produit l'ordonnance du 22 novembre 1819 ? Rien,
que d'exciter davantage l'animosité des créoles contre
les hommes de couleur ; car ils sentent très-bien que
le moment est venu d'organiser définitivement les
colonies.

Les hommes de couleur sont et ils resteront hors
la loi ; les promesses les plus augustes seront éludées,
les lois les plus solennelles violées, tant que leurs
droits ne seront pas garantis par des institutions.

Ce qui s'est passé nous révèle une grande vérité

_____

(1) On cite dans le nombre M. *Dubuc-Duferret*, capitaine de
frégate en retraite, et chevalier de Saint-Louis ; M. *Dugué*,
propriétaire, membre du comité consultatif, commandant du
sixième bataillon de la garde nationale ; M. *Desfourneaux*,
propriétaire, chevalier de Saint-Louis, chef d'escadron de
dragons de la garde nationale ; Dubois-Morenel, propriétaire,
chevalier de Saint-Louis ; Poney, négociant-commissionnaire
(*V.* les ouvrages de M. le marquis de Sainte-Croix, propriétaire d'habitation à la Martinique). Quant aux Européens, le
détail en serait trop long. Les hommes de couleur rendent
hommage aux principales autorités militaires et administratives, et en particulier à l'ordonnateur et au contrôleur général.

proclamée par un ministre d'Élisabeth (le chancelier *Bacon*), et long-temps avant lui, en 5ɪo, par un prince que l'on appelle un roi barbare (le grand *Théodoric*) ; c'est qu'il n'y a pas même de droits *civils*, là où il n'y a pas de droits politiques :

Jus privatum latet sub tutela juris publici.

Jura publica certissima sunt humanæ vitæ solatia, infirmorum auxilia, potentum fræna.

Ces institutions que l'on réclame ne sont pas celles de la révolution, mais celles octroyées par Louis XVI et par ses augustes prédécesseurs.

Il était digne d'un prince qui, à son avénement (ɪ), prononçait ces belles paroles : « Que la distribution de la justice est le meilleur moyen dont un roi puisse se servir pour s'acquitter dignement de ses fonctions, » et qui, pendant toute la durée de son règne, a donné tant de preuves de son amour pour ses peuples, et de ses bonnes intentions (2), d'être aussi le restaurateur des colonies.

On lit dans le préambule de son édit du 27 juin 1787 :

« L'attention que le roi ne cesse de porter sur ses » possessions d'outre-mer, comme sur celles rappro-

---

(ɪ) Lettre de cachet, du ɪo mai 1774, adressée aux tribunaux des colonies.

(2) On ne sait pas communément que Louis XVI a introduit la liberté des cultes dans les colonies, par un Édit du mois de novembre 1788. En voici le préambule :

« Lorsque Louis XVI, de glorieuse mémoire, défendit l'exer- » cice public de toute autre religion que de la catholique, » l'espoir d'amener ses peuples à l'unité si désirable, soutenu » par des apparences de conversion, empêcha ce grand Roi » de suivre le plan qu'il avait formé pour constater leur état » civil.

» Notre justice et l'intérêt de notre royaume et de nos colo- » nies, ne nous permettent pas d'exclure plus long-temps des » droits de l'état civil ceux de nos sujets ou des étrangers do- » miciliés qui ne professent point la religion catholique.... » Nous ne devons plus souffrir que nos lois les punissent inu- » tilement du malheur de leur croyance, en les privant des » emplois que la nature ne cesse de réclamer en leur faveur. »

» chées, a fait connaître qu'il serait important de re-
» tenir sur le sol même des colonies, par l'attrait
» d'une administration sagement combinée, les pro-
» priétaires-cultivateurs qui n'aspirent que trop sou-
» vent à le quitter. S. M. a pensé que pour les atta-
» cher personnellement à la direction de leurs établis-
» semens, et procurer par-là, non-seulement de la
» stabilité à leurs fortunes, mais encore une plus
» grande extension aux richesses de la métropole, il
» importait que le gouvernement des colonies re-
» posât sur des principes constans, et fût moins
» exposé à la mobilité. »

A ces causes, le roi ordonne qu'il sera formé une
assemblée annuelle, composée du gouverneur, d'un
député *élu* par chaque paroisse, mais payant un cens
déterminé ; d'un député des propriétaires de maisons ;
l'assemblée est renouvelée tous les quatre ans ; le pouvoir de la dissoudre est donné au gouverneur ; elle
vote seule l'impôt ; elle s'occupe de toutes les questions de propriété intérieure, et de la réforme des
abus ; elle entend le compte des revenus de la percep-
tion ; un comité de l'assemblée représente les anciennes
chambres d'agriculture.

Voilà la Charte que l'auguste prédécesseur de V. M.
avait méditée et appropriée aux besoins de ses sujets
des colonies. Ce ne fut pas seulement une promesse,
cette Charte a reçu un commencement d'exécution ;
et parce que les gouvernemens éphémères qui se sont
succédés ont outré toutes choses et empêché que ce
sage établissement, si bien approprié aux localités,
se consolidât, pourquoi serait-il défendu aux habitans
des colonies, et aux hommes de couleur, en particulier, de faire des vœux pour être admis à jouir des
bienfaits de Louis XVI ? Comment de pareils vœux,
émis dans le sein des administrateurs nommés par
V. M., ou communiqués paisiblement dans des en-
tretiens particuliers, peuvent-ils être traités, dans

une dénonciation des créoles, de conspiration contre le salut de la colonie ?

Le gouvernement britannique n'a cru pouvoir rien faire de plus sage, que de mettre à exécution un système d'organisation politique, conforme à la Charte de Louis XVI. Pourquoi donc répudierait-on aujourd'hui son ouvrage ?

Les vœux de la population libre et industrieuse des colonies ne sont-ils pas légitimés aussi par la concession que V. M. a faite d'une Charte aux Français de la métropole, qui a pour premier principe l'égalité des droits, par l'allusion évidente et par les promesses consignées dans l'article 75 de cette Charte, et dans l'ordonnance du 22 novembre 1819 ?

Les habitans de la Martinique peuvent d'autant moins l'oublier, que la sollicitude paternelle de V. M. s'était manifestée d'une manière toute particulière à leur égard, par l'envoi d'un commissaire spécial, M. le baron de la Mardelle, dont la mission était d'organiser définitivement la colonie (1).

Les vœux des hommes de couleur seraient comblés si V. M. daignait, dans sa sagesse, ordonner de nouveau l'exécution des édits de 1642 et de 1685,

_____

(1) Ce commissaire royal de justice fut très-mal accueilli par les Créoles en 1820. L'explosion de la fin de 1823, n'est que l'expression des sentimens qu'ils émettaient alors publiquement, et des menaces qu'ils faisaient de s'opposer, par la force, à l'introduction des améliorations promises au nom du monarque. Ce nom sacré ne fut pas un palladium suffisant contre les outrages répandus dans certains écrits, et contre les calomnies de toute espèce, vomies contre le commissaire royal, contre M. le commissaire général ordonnateur de Ricard, et contre tous les fonctionnaires qui n'ont pas l'esprit colonial.

Les ministres de la religion eux-mêmes sont persécutés, s'ils croient devoir, dans l'intérêt de l'humanité, réclamer contre les barbaries dont les Créoles se rendent journellement coupables envers leurs esclaves. Nous en connaissons qui sont revenus en France, révoltés des injustices des blancs.

et surtout de l'ordonnance de 1787, émanée d'un prince dont le nom est resté si cher à l'Amérique.

Les hommes de couleur sont dignes, par leur dévouement au gouvernement de V. M., de ce grand bienfait; ils doivent obtenir enfin un état civil solidement garanti par des institutions politiques.

Jamais aussi les circonstances ne furent plus impérieuses ni plus pressantes; jamais la justice ne parla si haut en leur faveur.

Vainement leurs ennemis les accusent de conspirer; ils défient leurs accusateurs de prouver rien de ce qu'ils avancent. Aux sourdes accusations, dont on connaît le principe, les hommes de leur couleur peuvent opposer des faits récens et publics, qui prouvent leur attachement au bon ordre et à la mère-patrie.

Lors de l'insurrection du Carbet en 1822, au moment où la tranquillité de la colonie était compromise par des mouvemens dans la classe des esclaves, les hommes de couleur armés comme gardes nationales, prirent tous les armes et parvinrent, presque sans le secours des blancs, à apaiser la révolte.

Infortuné Bissette! vous commandiez alors des compagnies de milice; malheureux Fabien, vous exposiez votre vie pour protéger la vie et la propriété des blancs! vous ne vous attendiez guère à la récompense qui vous était réservée.

A l'époque de l'annonce de la guerre d'Espagne, voici ce qu'ils écrivirent spontanément, le 15 mai 1823 au gouverneur, tandis que les créoles gardaient le silence.

« Les hommes de couleur, libres, de la Martinique
» viennent renouveler les sentimens qu'ils ont tou-
» jours manifestés, dans toutes les circonstances à
» V. Ex. :
» Ils viennent du fond de leur cœur protester de
» cette constante et inébranlable fidélité qui caracté-
» rise si éminemment les fidèles sujets du roi; ils vien-
» nent faire l'engagement solennel de leur amour et

» de leur attachement sans bornes au digne et respec-
» table représentant de S. M. sous le gouvernement
» duquel ils ont le bonheur de vivre.

» Ils croient de leur devoir de saisir l'occasion
» où des bruits de guerre semblent prendre consis-
» tance, pour exprimer les sentimens dont ils sont
» animés pour la défense de la colonie ; si l'ennemi
» osait y mettre un pied hostile, leur dévoûment, en
» cette circonstance, n'en est pas moins pour V. Ex.,
» et quels que soient d'ailleurs les événemens,
» V. Ex. peut compter et se reposer sur le zèle,
» la loyauté et le courage de cette grande partie de la
» colonie, qui se fera toujours un devoir de défendre
» les intérêts de S. M., comme de soutenir de toutes
» leurs forces son représentant dans la colonie (1).

» Les hommes de couleur de la Martinique, dé-
» voués au gouvernement français, et constamment
» dirigés par l'honneur, demeureront toujours fermes
» et inébranlables dans ces résolutions; heureux pour
» eux, M. le gouverneur, si vous daignez les faire
» connaître à S. Ex. le ministre de la marine, pour
» les porter au pied du trône. Ils acquerront, par ce
» bienfait, un nouvel espoir que leur démarche
» près de vous n'a pas été vaine.

» Se référant à tout ce qu'ils ont fait relative-
» ment à leur état politique, ils viennent renou-
» veler leurs sollicitations avec la confiance que la
» comparaison faite par V. Ex. de leur dévoûment
» et de leur fidélité, à l'état d'abjection dans lequel
» ils gémissent, sera un puissant moyen de parvenir
» à l'amélioration qu'ils attendent de la justice de la
» métropole.

» Pleins de ce doux espoir, ils vous prient, M. le

---

(1) Allusion aux mouvemens séditieux de ceux qui se permettent de déporter les gouverneurs, ou qui menacent de prendre les armes, pour s'opposer à toute amélioration.

» gouverneur , d'agréer le dévoûment à toute
» épreuve pour votre personne , et le respectueux
» attachement avec lequel ils sont et seront toujours

» de Votre Excellence, les très-humbles , etc. »

Qui le croirait ? qu'un pareil acte de dévoûment
n'a pas été sans influence dans la condamnation prononcée le 12 janvier 1824, et que c'est un des griefs
allégués contre plusieurs , d'avoir eu cette pièce
parmi leurs papiers, ou d'en avoir été les rédac-
teurs ou distributeurs.

Ce n'est pas la seule occasion où les hommes de
couleur aient montré leur attachement à la mère
patrie; on ne les a jamais vus donner le lâche conseil
d'ouvrir la colonie aux Anglais. Et cependant déshé
rités des avantages sociaux , quoiqu'ils supportent
toutes les charges publiques , réduits à un état de dégradation légale, fait pour révolter les cœurs les plus
indifférens, ils n'ont pas cherché à émigrer dans les
îles, ou sur le continent voisin , qui leur tendent les
bras, et qui s'enrichiraient de leur industrie et de leur
fortune; tant l'amour de la patrie est fort dans ces
âmes que l'on peint comme dégradées; tant ils ont
d'attachement pour le sol qui les a vus naître, et où
ils ont placé toutes leurs affections de famille et de
fortune.

Les gouverneurs des diverses colonies savent qu'il
n'y a pas de sujets plus dévoués et plus fidèles que
les hommes de couleur (1).

Il était nécessaire d'entrer dans ces développemens avant d'arriver à l'exposé du malheureux événement qui force les supplians de recourir à
la justice de V. M.; autrement on n'aurait pas
eu la clef de la prétendue conspiration dénoncée par
les créoles, et le conseil de V.M. ne serait pas péné-

(1) Tous les écrivains, et notamment M. le colonel Boyer de
Peyreleau, en déposent.

tré, comme il le sera sans doute, de la nécessité de réparer l'iniquité dont ils sont victimes.

Nous nous proposons de démontrer dans ce mémoire, 1° Qu'il n'y a pas eu conspiration de la part des hommes de couleur ; mais de la part des blancs, contre l'autorité de V. M.

Et 2° que les plus hautes considérations de justice et de politique se réunissent pour que l'ordre du bannissement, arraché à M. le gouverneur de la Martinique, non-seulement ne soit pas confirmé par Votre Majesté, mais soit annulé par un acte public et éclatant de sa justice souveraine.

II° PARTIE.

Faits particuliers de la Cause.

Nous avons, dans la première partie de ce mémoire, exposé l'état actuel des hommes de couleur dans les colonies, et particulièrement à la Martinique ; nos preuves ne sont pas appuyées sur des renseignemens vagues, dénaturés par la passion; elles sont puisées dans le recueil officiel et authentique des lois et constitutions de la colonie.

Le tableau en serait plus complet si l'ouvrage de Moreau de Saint-Méry ne s'arrêtait à une époque voisine de la révolution (1786), et si le code particulier de la Martinique n'était interrompu depuis 1812. Mais ce qu'on peut affirmer, c'est que depuis la reprise de possession par les autorités françaises, le sort des hommes de couleur, bien loin d'avoir été amélioré, est devenu plus humiliant et plus précaire.

Les entraves qu'on avait mises au développement de l'industrie des hommes de couleur, quoique subsistantes toujours légalement, avaient cessé d'être appliquées rigoureusement sous l'administration intermédiaire, et ils en avaient profité pour élever des établissemens de commerce.

Les créoles n'ont pu voir, sans une extrême jalou-
sie, un état de prospérité qui blesse autant leurs intérêts que leurs préjugés; et, pour l'arrêter, ils ont employé toute leur influence auprès des gouverneurs
successifs de la colonie.

Tel était l'état des esprits, lorsqu'au mois de décembre 1823, une brochure de trente-deux pages
d'impression, intitulée, *De la situation des gens de
couleur libres aux Antilles françaises*, fut introduite,
on ne sait par qui, dans la colonie.

Cette brochure, imprimée à Paris chez Maccarthy,
déposée à la Direction de la librairie le 20 octobre
1823, distribuée aux membres des deux chambres,
aux ministres de V. M., n'a été l'objet d'aucune poursuite, d'aucune censure; l'auteur en est connu, et
il n'en décline pas la responsabilité.

Rédigée dans des termes mesurés et respectueux
envers V. M. et son gouvernement, elle ne fait connaître qu'imparfaitement les vices de la législation
locale; et quant aux faits qu'elle signale, elle est
restée bien loin de la vérité.

Les blancs ayant eu connaissance de l'arrivée de
cette brochure, dénoncèrent son introduction aux
autorités administratives et judiciaires comme une
conspiration.

Si cette brochure eût été criminelle, la seule chose
à faire était d'en ordonner la saisie, de la déférer
aux tribunaux, et de la faire condamner comme séditieuse; l'absence de l'auteur n'était pas un obstacle.

Une fois condamnée et supprimée, il eût été légal
et régulier d'en poursuivre les distributeurs; jus-
ques-là, la réception et la distribution de cet écrit,
était un fait innocent qu'aucune loi ne pouvait atteindre, ainsi qu'on le démontrera bientôt; mais on
voulait une conspiration.

Voici en quels termes cette dénonciation clandestine fut faite, et l'on jugera par le ton menaçant qui
y règne, qui, des dénonciateurs ou des victimes, a

conspiré contre l'ordre établi, et contre le gouvernement du Roi.

Décembre 1823.

Monsieur le général,

« Depuis quelques jours, des bruits alarmans se
» répandent dans cette colonie; nous paraissons me-
» nacés d'une commotion prochaine. Dans cette
» circonstance, nous croirions manquer au Roi, à
» notre pays et à nous-mêmes, M. le Général, si
» nous hésitions à faire connaître à V. Exc. les causes
» de l'agitation qui se manifeste.
» Les mulâtres (1) *Mont-Louis Thebia* et *J. Éri-*
» *ché*, sont arrivés depuis peu à la Martinique, de
» retour de France, où ils avaient demeuré plusieurs
» années. Leur retour a été suivi, ici près, de faits
» qui excitaient l'indignation des habitans de ce
» pays. L'insolence du mulâtre Léonce (2) a été
» punie; mais les distributeurs d'un libelle infâme,
» d'un écrit séditieux, le sont-ils? Plusieurs mulâtres
» ont été pris en flagrant délit, en contravention à
» la loi, et ont été relâchés à l'exception de trois.
» Ces derniers avaient, dit-on, déjà signé une
» adresse (3), pour le bouleversement de la colonie;

(1) Ces *mulâtres* sont des négocians propriétaires, qui ont
600,000 fr. de capitaux, et qui sont en relations intimes avec les
premières maisons de commerce de la capitale. Voy. ci-après
la note, p. 62.
(2) Léonce, négociant mulâtre, a été condamné à un mois de
prison et à 1,000 fr. d'amende, pour avoir eu *chez lui* une discussion avec *Beaudu* fils, négociant, au sujet de l'acquit d'une
traite, et avoir élevé des doutes sur la solvabilité de cette maison. Les blancs se trouvèrent offensés en la personne de Baudu
fils. Ils parurent *armés* aux portes du tribunal, vociférant la
condamnation. Le tribunal, composé d'un seul juge, n'osa résister, et condamna Léonce comme mulâtre insolent. Il a été
depuis déporté. Ce jugement (du 4 décembre 1823) ne précéda
que de huit jours les arrestations.
(3) Apparemment celle du 15 mai 1823.

» mais les autres étaient-ils moins coupables? et si
» on leur eût donné le temps d'apposer leur signa —
» ture au bas de cette adresse, ne l'eussent-ils pas
» fait; n'étaient-ils pas assemblés dans cette inten-
» tion? Cette réunion, dans un pareil moment, n'in-
» diquerait-elle pas assez son but?

» L'écrit que nous qualifions de séditieux, l'est
» sans doute, dans l'acception du mot; il doit être
» poursuivi et puni comme tel. Les prétentions que
» les mulâtres y exposent, et les demandes qu'ils
» ont faites, sont combattues et rejetées par toutes
» les lois (1) et ordonnances qui régissent les colonies.
» Nous demandons avant eux, M. le Général, que
» ces lois et ordonnances soient maintenues, et les
» habitans de la Martinique sont prêts à seconder de
» tous leurs moyens, les mesures que V. Exc. sera
» dans le cas de prendre, pour faire rentrer dans
» le rang qu'elles ont assigné, ceux qui veulent s'en
» écarter. Les blancs ne consentiront jamais à se
» voir les égaux d'hommes qui, comme la plus
» grande partie des mulâtres, et même de ceux
» d'entre eux qui font le plus de bruit, ont des pa-
» rens très-proches dans nos ateliers (2).

» Nous savons, M. le Général, *que les mulâtres,*
» *en général, resteront tranquilles; ils connaissent*
» *trop bien l'insuffisance de leurs moyens;* ils savent
» que le gouvernement du Roi ne souffrira jamais
» que le système établi soit renversé; mais si le
» grand nombre est raisonnable, on ne peut pas se
» dissimuler que beaucoup d'entre eux, séduits par
» les chimères qu'on leur propose, peuvent être
» égarés au point de troubler la tranquillité de la
» colonie.

---

(1) Serait-ce par hasard les ordonnances de Louis XIII, de
Louis XIV et de Louis XVI? non; les ordonnances coloniales?
Cela peut être.

(2) *Atelier*, réunion des nègres esclaves d'une habitation.

» C'est entre vos mains, M. le Général, que le
» Roi a mis son autorité ; vous n'êtes seulement pas
» administrateur, vous êtes aussi, et avant tout, gou-
» verneur. C'est de vous seul que dépend la tran-
» quillité publique, et c'est vous qui en êtes respon-
» sable ; c'est vous qui répondrez au Roi, et à la
» colonie, des malheurs partiels qui pourraient ar-
» river.

» Nous devons ajouter, pour faire connaître à
» V. Exc. l'opinion entière des habitans, qu'ils at-
» tribuent ce qui arrive aujourd'hui aux idées
» négrophiles (1), et à la conduite de plusieurs per-
» sonnes qui entourent V. Exc. et qui se sont attiré
» l'animadversion de la colonie.

» Il est des hommes qui, depuis cinq à six ans,
» semblent prendre à tâche d'émettre des opinions
» extrêmement contraires au système colonial ; il
» n'est pas étonnant que ces hommes placés en évi-
» dence, auprès du gouvernement, aient d'abord
» perverti les esclaves, et ensuite les mulâtres libres.
» C'est à eux que nous avons dû, l'année dernière,
» la révolte des esclaves du Mont-Carbet, et c'est à
» eux que nous devons la manifestation des pré-
» tentions des mulâtres ; ceux-ci, nous le savons,
» ont l'audace de s'étayer de votre nom, et de se
» vanter de l'appui des personnes que nous venons
» de désigner. Mais quelles que soient les menées
» et les intrigues des uns et des autres, nous devons
» dire à V. Exc. que les habitans de la Martinique
» sont unanimement décidés à *maintenir* et *défendre*,
» à quelque prix que ce soit, l'état actuel de la légis-
» lation, et à ne jamais laisser porter aucune atteinte
» aux réglemens coloniaux. Si le gouvernement avait
» un jour le projet d'y faire quelques changemens,
» nous prions V. Exc. d'être notre organe auprès
» de lui, et *de lui faire bien comprendre* que comme

_____

(1) c'est-à-dire philanthropiques.

» il y va de l'existence de nos femmes et de nos en-
» fans, *nous sommes fermement résolus à n'admettre*
» *aucune modification.*

» Nous demandons à V. Exc. le maintien pur
» et simple des lois et ordonnances coloniales,
» et que V. Exc. veuille bien donner des ordres
» pour qu'elles soient à l'avenir exactement main-
» tenues. Pour peu qu'on s'en écarte, l'édifice
» colonial est attaqué, et les habitans ayant pris la
» ferme résolution de se défendre, s'ils succombent
» la colonie sera perdue pour la France; et qui en
» sera cause?

» Nous sommes avec respect, etc, etc., etc.

» *Signé* FORTIER, au nom de tous les habitans de
» la Basse-Pointe, et commissaire de la paroisse
» de B.....; de Brettevel, pour les habitans de la
» paroisse de Macouba; la S... Dufond, commissaire
» de la paroisse de la Grande-Anse. »

Ainsi les signataires ne se contentent point d'é-
veiller la sollicitude des autorités sur un fait qu'ils
ont jugé importer à la tranquillité de la colonie; ils
présentent une pétition *collective;* ils ne parlent pas
en leur nom personnel, mais en celui des paroisses
de Macouba, de la Basse-Pointe et de la Grande-
Anse; ils s'intitulent commissaires, ce qui suppose
des réunions, des assemblées clandestines, des résolutions prises en commun, sans autorisation des
autorités; et, en effet, il y en a eu avant et après,
et ce n'est pas la première fois. En 1819, il y eut aussi
des assemblées illicites dans toutes les paroisses, à
l'occasion de l'annonce de l'arrivée du commissaire
de justice (*M. le baron de la Mardelle*).

Ils portent leur audace jusqu'à dénoncer les autorités elles-mêmes; les personnes qui exercent sous
les ordres de l'administrateur, les pouvoirs de V.
M.; que dis-je ! ils accusent le gouverneur lui-
même. Ils le menacent d'une responsabilité terrible,
s'il n'obéit pas à leurs injonctions.

Enfin, ils ne craignent pas d'avancer qu'ils sont fermement résolus à n'admettre jamais aucune *modification* aux réglemens coloniaux, relative à l'état des hommes de couleur ; oubliant sans doute que ces réglemens sont l'ouvrage de leur caste , et qu'ils sont un monument de rebellion envers l'autorité législative des augustes prédécesseurs de V. M.

Que dis-je ! c'est envers l'autorité suprême de V. M. elle-même qu'ils se déclarent.

Si donc V. M. voulait l'exécution des ordonnances de 1642 , 1685 et 1787; si réalisant, dans sa haute sagesse, les promesses consignées dans la Charte, et réitérées dans son ordonnance du 22 novembre 1819, elle croyait devoir, non pas donner aux hommes de couleur un nouvel état civil et politique, mais leur rendre celui qu'ils n'auraient jamais dû perdre, les orgueilleux colons se mettront en insurrection contre la volonté de V. M.; ce sont eux qui le disent. Ils sont fermement résolus à maintenir et défendre, à quelque prix que ce soit, le code obscur et tyrannique qui s'est formé loin des yeux et à l'insu du gouvernement royal.

Un langage aussi criminel ne dénote-t-il pas une conspiration véritable de la part des créoles?

Sans doute il est plutôt fait pour inspirer une indulgente pitié que la sévérité de V. M.

L'honorable M. *Canning*, dénonçant au parlement d'Angleterre (séance de la chambre des communes, du 17 mars 1824) l'opposition des colons de la Jamaïque, aux mesures bienfaisantes de la métropole, envers la population esclave, a dit, dans une occasion toute semblable :

« Si le gouvernement avait pu en éprouver quelque
» courroux, cette conduite ne manquerait pas d'of-
» frir des motifs pour recourir à des mesures de ri-
» gueur. Mais l'emploi de la force réduirait les co-
» lons rebelles en atômes... Ces mesures n'obtiendront
» pas la gloire d'une querelle. Je ne veux pas les ad-

» mettre à l'honneur de la lutte. *Quos ego...... sed*
» *motos præstat componere fluctus.* Une insurrec-
» tion pour la liberté du fouet et pour le maintien d'un
» privilége ! En ne sévissant pas contre eux , mais
» en accordant aux opprimés une bonne justice et
» des garanties pour l'avenir, les colons quitteront
» ce langage hautain, et retomberont dans *l'escla-*
» *vage de la raison.* »

Il eût été digne de la fermeté de caractère et de
l'honorable réputation dont jouit M. le général Donzelot de répondre sur ce ton.

Mais dans l'ignorance où nous sommes des circonstances qui l'environnent, gardons-nous de l'accuser.

Suspect lui-même aux yeux des colons, il a cru
peut-être plus prudent de céder pour un moment à
l'orage, en se réservant de faire connaître à V. M.
les véritables causes du triste événement qui nous
occupe, et d'en solliciter lui-même la réparation.

Qui nous dit qu'il n'est pas notre plus zélé défenseur aux pieds du trône de V. M.? Puisque l'ordre de
bannissement dont nous nous plaignons, lui a été
imposé, nous sommes autorisés à croire et à dire
que la proclamation du 20 décembre 1823, adressée
à MM. les commandans des bataillons de milices, et
aux commissaires - commandans des paroisses, n'est
pas de lui.

Voici les termes de cette proclamation :

« Quelques agitateurs se sont emparés d'une classe
» crédule et peu éclairée, pour la pousser au désordre
» par l'espoir d'un changement prochain dans la lé-
» gislation politique des colonies. Des pamphlets,
» distribués clandestinement, ont trahi de coupables
» vœux, et produit le déplorable effet d'enflammer
» les esprits de toutes les classes de la population.

» Que tous les habitans de la Martinique soient
» convaincus que je saurai maintenir l'ordre et la
» tranquillité.

» La législation établie est l'ouvrage des rois, pré-
» décesseurs de notre bien-aimé Monarque; chacun
» y doit obéissance et respect; et, moi, je l'appuierai
» de tout mon pouvoir.

» S. M., seule, a le droit d'y apporter des modi-
» fications.

» Mais elle veut le bonheur et la prospérité de tous
» ses sujets; aussi ne consacrera-t-elle que ce qu'une
» sage expérience aura prouvé être convenable et né-
» cessaire à l'accomplissement de ce double but.

» Je ferai poursuivre avec la dernière rigueur les
» perturbateurs, et particulièrement ceux qui, par
» de sourdes manœuvres ou des libelles séditieux,
» tenteraient d'inquiéter ou de remuer les esprits.

» Je ne doute pas que vous continuiez à exercer
» une active surveillance, et que vous ne vous em-
» pressiez de m'informer de ce qui peut intéresser la
» tranquillité publique.

» Je vous invite à m'accuser réception de la pré-
» sente lettre.

» Recevez, M. le commandant, l'assurance de ma
» considération distinguée,

» Le lieutenant-général gouverneur et administra-
» teur pour le roi,

» *Signé* Donzelot. »

Il est évident que cet acte a été dicté tout entier
par l'esprit colonial. Comment, en effet, un administrateur aussi instruit que M. Donzelot, aurait-il pu
dire que la législation relative à la position actuelle
des hommes de couleur était l'ouvrage des rois, prédécesseurs de V. M., lorsque, au contraire, elle en
est la destruction?

Sans doute V. M. a seule droit d'y apporter des
modifications; mais M. le gouverneur doit ignorer
moins que personne, que les réglemens de ses prédécesseurs, anglais ou autres, et les arrêts des conseils
supérieurs n'ont jamais pu prévaloir sur les actes
émanés de l'autorité royale.

D'ailleurs, dans quel pays est-il défendu de demander des améliorations au souverain, par des suppliques respectueuses? M. le gouverneur, lui-même, ne s'est-il pas rendu l'organe des hommes de couleur, sur ce point? n'a-t-il pas reçu avec indulgence et bonté les adresses qui lui ont été remises ?

C'est parce que V. M. veut le bonheur et la prospérité de tous ses sujets, qu'elle a besoin d'être éclairée, et qu'il faut que toutes les réclamations parviennent jusqu'au trône, afin qu'elle les juge dans sa haute sagesse.

Tout administrateur qui empêcherait l'émission de pareils vœux, serait coupable envers son roi et envers son pays.

Quoi qu'il en soit, la publication de cette proclamation a été funeste aux hommes de couleur.

Elle donnait créance à l'existence d'une conspiration. Il ne s'agissait plus, pour les blancs, que de la consacrer par un acte judiciaire. Rien n'était plus facile. Les juges de la colonie sont des créoles; ils partagent les préjugés de leur caste. Qui sait de quelles sollicitations, et par quelles menaces ils ont été conduits à rendre l'arrêt qui a frappé tant de malheureux !

Dès le 12 décembre 1823, une perquisition avait été ordonnée. Il semblait qu'elle devait être dirigée contre MM. *Mont-Louis Thebia* et Joseph *Eriché*, arrivés récemment de France, et nominativement dénoncés par l'adresse que nous venons de transcrire; il paraît qu'on leur réservait le privilège d'être déportés sans jugement, de peur que dans leur défense ils ne fissent entendre les espérances que leur séjour dans la métropole a dû leur donner, et qu'ils n'en appelassent à la justice directe de V. M. et de son gouvernement. Les blancs, qui sentent que les *députés* des chambres d'agriculture, qui résident à Paris, et reçoivent un traitement sur le trésor de la colonie, ne sont que leurs représentans et non ceux de la colonie , désignaient ironiquement MM. *Thebia* et *Eriché* comme *les députés des hommes de couleur*.

La descente de justice se fit chez M. Bissette, négociant au Fort-Royal. Ce propriétaire avait, aux yeux des créoles , le tort irrémissible d'avoir été rédacteur de plusieurs pétitions adressées par les hommes de couleur à M. le gouverneur de la colonie, à S. Exc. le ministre de la marine, et d'un projet d'adresse à V. M.

Il était aussi rédacteur de l'adresse faite au sujet de la guerre d'Espagne, à la date du 15 mai 1823.

C'en était assez, sans doute, pour être dénoncé comme chef de la prétendue conspiration.

On trouva chez lui deux exemplaires seulement de la brochure.

Cela suffirait pour prouver qu'il n'en était pas le dépositaire, ni le colporteur; les poursuites n'en furent pas moins continuées. Le 13, il fut cité à comparaître devant le tribunal de première instance, et depuis il n'a plus revu son domicile; cependant il ne fut décrété de prise de corps que le 27 mars; la signification fut antidatée et reportée au 16, afin de pallier une incarcération illégale de plusieurs semaines.

Parmi les pièces saisies chez Bissette se trouve un projet d'adresse à la Chambre des députés, de la main de M. Fabien fils, son ami, propriétaire et négociant au Fort-Royal, et copie d'une lettre adressée au procureur du roi prise sur l'original qui aurait été, dit-on, décacheté (1).

Il n'en fallait pas davantage pour faire comprendre Fabien dans la poursuite criminelle. Il fut arrêté le 22 et interrogé.

Enfin, parmi les papiers de Bissette se trouvait une

_____

(1) Le dénonciateur unique de ce fait, Joseph Anois, reçut un démenti public de son fils (Eudoxie), et il a été depuis arrêté.

autre feuille (1) avec cette épigraphe : *Salus populi suprema lex esto*, qui n'était que la réfutation manuscrite d'une brochure publiée, sous le voile de l'anonyme, par M. *Richard de Lucy*, alors procureur-général de la Martinique.

Cette feuille contient copie d'un jugement extrêmement curieux, rendu le 11 mars 1822, contre M. Clavier, propriétaire, homme de couleur, pour avoir reçu ses amis le lundi gras. Ce jugement est rendu par application de l'ordonnance anglaise, du premier novembre 1809, et de l'ordonnance de police du 25 décembre 1783; cette brochure justifie l'honorable M. Lainé de Ville-l'Évêque de quelques attaques dirigées contre lui à l'occasion du beau discours sur les Colonies, prononcé par ce député, le 28 juin 1821 à la tribune nationale, discours *imprimé par ordre de la Chambre*.

Le manuscrit d'un tel ouvrage était évidemment séditieux; et comme il se trouvait écrit de la main de Volny, marchand au Fort-Royal, celui-ci fut arrêté également le 22 décembre.

MM. Eugène Delphile, Frapart, Bellisle Duranto, et Joseph Dumil, propriétaires et négocians du Fort-Royal, furent impliqués dans la même procédure, pour avoir signé les adresses trouvées chez Bissette. M. Eugène Delphile était de plus accusé d'avoir tenu le propos séditieux suivant :

« Il n'arrivera rien de fâcheux à notre ami Bissette.
» Le gouverneur, le commandant militaire et l'ordonnateur de la colonie, se sont prononcés en sa
» faveur. »

5 janvier 1824. —Jugement qui condamne Bissette au bannissement perpétuel, Volny et Fabien fils à cinq ans, ordonne un plus ample informé à l'égard d'Eugène Delphile, et met hors de cause

---

(1) Elle a été imprimée à Paris, chez Richomme.

Bellisle Duranto, Joseph Dumil, et Joseph Frapart.

Il semblait que l'appel dût être réservé aux seuls
condamnés, contre une sentence déjà si sévère à leur
égard.

Eh bien! le procureur général trouva que les
premiers juges avaient été trop indulgens ; il
interjeta un appel *à minima*, comme si la société
n'ût pas dû être satisfaite de la condamnation, que
des magistrats comme lui avaient trouvée suffisante.

12 janvier 1824.—Arrêt définitif qui condamne les
malheureux *Bissette*, *Fabien et Volny* aux galères à
perpétuité. — Eugène Delphile, comme *véhémentement soupçonné* (telle est l'expression de l'arrêt ; car
ici il ne s'agit pas de conviction) d'avoir tenu le propos séditieux que nous venons de transcrire, au ba-
nissement perpétuel du royaume ; et Bellisle Duranto,
Dumil et Frapart au bannissement perpétuel des
Colonies françaises (1).

Cet arrêt étant déféré à la Cour de cassation par les
condamnés Bissette, Fabien et Volny, nous n'en en-
treprendrons pas ici la critique détaillée ; nous dirons
seulement que les témoins n'ont pas été confrontés
selon le vœu formel de l'ordonnance de 1670, qui
régit encore la Colonie, et qu'ainsi on n'a pu convaincre Joseph Anois de son imposture, relativement
à l'ouverture d'une lettre cachetée ; que les débats
n'ont pas été publics ; que les accusés n'ont point eu
de défenseurs (2), et ont été privés, par la célé-
rité d'une procédure conduite *ab irato*, des moyens

_____

(1) *V.* le texte de cet arrêt aux pièces justificatives.
(2) Dans toutes nos colonies, cette assistance est prescrite à
peine de nullité, même au Sénégal, art. 14 de l'ordonnance
royale du 7 janvier 1822. — A Cayenne, ordonnance du 16
avril 1819, au recueil complet des lois et ordonnances ;
décret du 9 octobre 1789, pour la réforme de la procédure
criminelle, publié à la Guadeloupe, le 14 août 1790, et très-
probablement à la Martinique.

justificatifs (1) ; que l'ordonnance de 1757 , qui leur a été appliquée, n'a jamais été publiée dans la Colonie ; qu'elle y est légalement inconnue, et ne pouvait être invoquée ; que même en France, cette ordonnance qui condamnait à la peine de mort les auteurs d'écrits séditieux, n'a jamais été exécutée, et qu'elle était tombée en désuétude (2) long-temps avant la révolution; que fût-elle applicable, elle aurait été mal appliquée, puisque , d'après sa disposition ex-presse, les distributeurs d'écrits séditieux ne peuvent être recherchés qu'autant qu'on a omis de remplir les formalités légales; que la brochure, qui a servi de base à la condamnation, a été imprimée, déposée à la direction de la police sans avoir été condamnée, et qu'ainsi nul ne peut être coupable pour l'avoir lue ou distribuée.

Un arrêt entaché de vices aussi graves, ne peut manquer d'être cassé. Mais comment se fait-il qu'aujourd'hui encore, la Cour suprême de cassation, n'ait pu être saisie de ce pourvoi, et qu'on ait mis autant d'obstacles à ce qu'il fût même déclaré (3)?

Il est dit, que l'apparition de la brochure, au moment où l'autorité était avertie qu'une conspiration s'ourdissait dans l'ombre, a jeté l'alarme, et nécessité de la part du gouvernement des mesures de haute police.

Il résulte de ce considérant et de la circonstance même, que Bissette n'a été trouvé coupable que du colportage du libelle; que cette brochure n'est pas

(1) La défense de Bissette fut confiée à un jeune avocat d'un mérite connu. Il n'eut pas le temps de rédiger un mémoire détaillé, ni de le communiquer à son client.

(2) Il est notoire qu'alors on se contentait de supprimer le livre, et qu'on n'instruisait jamais de procès criminel contre l'auteur.

(3) Le greffier a refusé de le recevoir, ainsi que le procureur-général, et il a reçu toute son exécution dans la colonie. Bissette, Fabien et Volny ont subi la marque. Si l'arrêt est cassé, comment effacera-t-on cette flétrissure ?

par elle-même un fait de conspiration; qu'elle n'en est qu'un accessoire, un moyen, ou, si l'on veut, une circonstance aggravante.

Il faut donc rechercher si, d'ailleurs, la conspiration est prouvée. Or, il n'existe, à ce sujet, aucun autre document que la dénonciation clandestine de ceux qui se sont dits commissaires des blancs, et que la proclamation du gouverneur.

En premier lieu, et quant à la dénonciation, les blancs parlent de bruits alarmans, de craintes qui circulent, de menaces d'une commotion; mais ils n'en citent d'autre indice que la distribution de la brochure elle-même.

Une conspiration ou un complot n'est pas une chose idéale. « C'est, (dit le Code pénal de 1810, » qu'on n'accusera pas d'indulgence) un acte commis ou consommé, ou au moins la résolution d'agir concertée et arrêtée entre deux ou plusieurs » conspirateurs, pour détruire et changer le gouvernement ou l'ordre de successibilité au trône, » et pour exciter les citoyens ou habitans à s'armer » contre l'autorité royale. »

Mais où sont les auteurs ou complices de pareils attentats ou complots? Quels conciliabules ont-ils tenus? Quels étaient leurs moyens d'exécution? Par quels actes ont-ils manifesté leurs manœuvres criminelles? Quels étaient leurs plans; que voulaient-ils substituer à l'autorité du gouverneur? Voulaient-ils livrer la colonie aux Anglais ou se déclarer indépendans?

Ont-ils appelé les esclaves et les hommes de couleur aux armes, menacé les blancs d'incendie ou d'assassinat?

On n'ose pas même alléguer aucun de ces faits. Il n'y a d'autre conspiration que l'innocente brochure, qui circule encore librement à Paris et dans tous nos départemens.

Or, que demande-t-on dans cette brochure? On

supplie V. M. de rappeler les ordonnances de ses augustes prédécesseurs, à l'exécution qu'il était du devoir des autorités locales de maintenir ; de faire disparaître les réglemens locaux, qui y sont contraires, et que le gouvernement a ignorés. On demande des améliorations et des institutions ; mais on les attend de la bienfaisance et de la haute sagesse de V. M. Ce n'est pas en menaçant de s'insurger ou de réclamer, les armes à la main, comme le font les Créoles ; c'est, au contraire, en supplians, que l'auteur de la brochure amène les hommes de couleur au pied du trône.

Un langage si humble et si décent ne serait pas blâmé à Constantinople, devant le trône de sa hautesse, et les Colons y voient un indice de conspiration. Depuis quel temps la plainte n'est-elle plus donc permise à l'opprimé ! la plainte, cette dernière consolation des malheureux ! Cette brochure est l'œuvre d'un bon citoyen, d'un sujet fidèle, et même d'un véritable ami des Colons blancs. Elle n'est que l'écho des vœux désintéressés émis par plusieurs d'entre eux, et consignés dans plusieurs ouvrages ; elle n'est que l'expression des intérêts véritables des Créoles et de leurs enfans.

Vous tous, créoles de bonne foi, qui voulez la justice, l'humanité, le triomphe de l'ordre, la sécurité pour vous, pour votre postérité et pour vos propriétés, écoutez la voix de vos consciences ; consultez l'histoire du passé ; abjurez un malheureux préjugé qui fait votre malheur, et qui, vous tenant dans un état perpétuel d'hostilité avec la classe des hommes de couleur, paralysez les bienfaisantes intentions du monarque législateur, et des bons Français qui administrent sous son autorité. Prenez garde de lasser leur patience, de les révolter par vos injustices, et qu'ils ne vous retirent une protection dont vous vous montrez si peu dignes.

Songez que le monarque, image vivante de l'Être-

Suprême sur la terre , est le père commun de tous ses sujets ; qu'à ses yeux la différence de couleur n'est rien , qu'il veut que tous jouissent d'une égale protection.

Plus d'une fois les hommes de couleur ont exposé leur vie pour défendre vos propriétés et vos personnes contre la population esclave, non qu'ils ne fassent des vœux pour son émancipation successive, mais ne voulant pas qu'on l'obtienne par la violence. Pouvaient-ils vous donner une preuve plus forte de leur désir sincère de vivre avec vous dans la plus parfaite intelligence ? La reconnaissance seule ne devrait-elle pas vous faire un devoir de les traiter en frères ? Combien, parmi les hommes de couleur, n'en est-il pas auxquels la liberté a été accordée à titre de récompense coloniale sur le trésor public, pour services rendus à vous et à vos familles? Ne les avez-vous jugés dignes de la liberté, que sous la condition de les réduire au désespoir par vos injustes dédains, et par une persécution sans cesse renaissante ? Ah ! revenez à de meilleurs sentimens ; écoutez la voix de Dieu, celle du monarque, et le cri du sang et de la nature.

Cette brochure a produit de l'agitation ; mais à qui la faute? Elle appartient toute entière à ceux qui en ont fait le sujet d'une si monstrueuse accusation. On ne saurait en donner une preuve plus frappante que ce qui s'est passé à la Guadeloupe ; bien que dans cette colonie existe aussi la division des castes, et par suite les mêmes levains de discorde, son introduction n'y a causé aucun trouble.

Il en eût été de même à la Martinique , si des hommes passionnés et fougueux n'avaient saisi ce prétexte pour accuser une population fidèle et paisible, qui, malgré l'état d'oppression où elle se trouve, espère tout du temps, de la justice de sa cause et de la protection du gouvernement.

La conspiration n'existe donc que dans l'imagination de ceux qui ont signé la dénonciation clandestine, et qui, nous en sommes persuadés, sont désavoués par tout ce que la colonie renferme de blancs, amis de la justice et du véritable ordre social.

La proclamation du gouverneur lui-même, écrite avec une grande circonspection, est dirigée autant contre les agitateurs, qui ont dénoncé, que contre les distributeurs de la brochure dont il s'agit. D'ailleurs cette proclamation ne dit pas un mot de la conspiration; elle ne parle que de l'agitation des esprits; et, si depuis on a arraché au gouverneur l'ordre de déportation, que l'on signale comme une preuve de l'existence du complot, nous disons que cet ordre n'est pas l'œuvre du gouverneur, mais d'un comité colonial, qui s'arroge l'autorité souveraine, et qui prétend dicter ses volontés tyranniques aux administrateurs et aux tribunaux.

Comment, s'ils n'avaient pas été effrayés par des terreurs paniques, les magistrats de la Martinique auraient-ils, dans un arrêt, supposé comme existante une conspiration dont il n'y avait aucune preuve judiciaire?

Si, dans leur opinion, cette conspiration eût été flagrante, auraient-ils été chercher dans les lois inconnues à la colonie, des peines pour un délit nouveau? Le crime de conspiration ou de complot, c'est-à-dire le crime de lèze-majesté, n'est-il pas prévu, puni par nos anciennes lois criminelles, aussi sévèrement que par les nouvelles? Auraient-ils négligé de poursuivre et de condamner les conspirateurs?

Comment les magistrats de la Martinique ont-ils pu considérer comme des écrits séditieux les minutes d'adresses communiquées au gouverneur, et adressées aux premières autorités de l'État, et à V. M. elle-même?

Qu'est-ce que les formules? Bissette, *véhémentement soupçonné* d'avoir eu part à la composition d'un libelle; Eugène Delille d'avoir tenu un propos sédi-

tieux. Le soupçon d'un crime est-il donc le crime lui-
même? Et ne faut-il pas, pour qu'une condamnation
soit légitime, qu'il y ait conviction entière, et que
le doute ne soit plus permis?

Quand Bissette, Fabien Volny ou les autres
auraient écrit le manuscrit avec l'épigraphe, *Salus
populi suprema lex esto*, qui, en effet, a beaucoup de ressemblance avec la brochure sur la situation des hommes de couleur, en quoi seraient-ils
coupables? L'ont-ils publiée? Non, et dès-lors la
pensée, elle-même, ne trouverait-elle pas grâce
devant la justice coloniale? Ce crime fut celui du fa-
meux Sidney. Mais, quelle est l'opinion de la postérité sur le jugement qui a conduit cet illustre citoyen
à l'échafaud?

C'en est assez sur le trop célèbre arrêt du 12 janvier. Il n'est point, par lui-même, la preuve de
l'existence d'une conspiration; il la suppose, au contraire, et c'est parce que les magistrats abusés sont
partis de ce faux point, qu'ils ont appliqué aux malheureux condamnés des peines effroyables, et que,
nous n'en doutons pas, ils regrettent déjà d'avoir
prononcées.

Tels sont les vices de l'organisation coloniale, que
ceux qui ont échappé à la justice des tribunaux, ont
été moins maltraités que Bissette et ses infortunés
compagnons.

Les conspirateurs prétendus ont été éloignés de la
colonie par une mesure administrative, et les simples
distributeurs de la brochure ont été condamnés aux
galères perpétuelles et à la flétrissure.

Si rien ne peut justifier l'illégalité de la déportation
prononcée contre les supplians, ils ont du moins à
s'applaudir de l'humanité de M. le gouverneur; elle
s'est manifestée jusques dans la personne des commandans des bâtimens du roi, et de leurs officiers,
qui se sont vus avec peine transformés en geôliers de

citoyens irréprochables, et le leur ont plusieurs fois exprimé.

Quoique frappés par un ordre qu'ils présument être revêtu de sa signature, les supplians ne l'accusent pas; ils savent que M. le gouverneur est convaincu de leur innocence.

L'ordre de déportation a été délibéré et arrêté dans un conseil de gouvernement, véritable comité colonial, dévoué à ceux qui ont dénoncé cette fausse conspiration.

Tout annonce que, quand M. le gouverneur eut connaissance de la marche que prenait cette affaire devant les tribunaux, et de l'animosité avec laquelle on poursuivait ceux dans les mains de qui on avait saisi la fatale brochure, il crut devoir céder; et, pour éviter de plus grands malheurs, faire embarquer les personnes qui pouvaient se trouver compromises.

En effet, dès le 23 décembre, à trois heures du matin, douze hommes de couleur, les principaux négocians du Fort-Royal, MM. Joseph *Eriché*, Mont-Louis *Thébia*, Joseph *Millet* (1), *Armand*, Hilaire *Laborde*, Germain *Saint-Aude*, *Dufond*, Etienne *Pascal*, *Angel*, Joseph *Verdet*, *Montganier*, et Edouard *Nouillé*, furent arrêtés dans leur domicile à neuf heures du matin; ils furent transférés du fort à bord de la goëlette *la Béarnaise*, mouillée dans la rade.

Pour mettre V. M. à portée de juger comme ils sont ennemis de l'ordre et de la mère-patrie, il suffira de dire que le feu s'étant déclaré à bord de la

_____

(1) M. Millet était chargé de recevoir, par procuration, une somme de 20,000 fr. du substitut du procureur du roi de Saint-Pierre de Martinique, M. B. C. — Celui-ci l'avait touchée et la gardait depuis plus de vingt ans. — On ne parvint au paiement qu'après des menaces de le faire poursuivre. M. Millet avait aussi donné commission à l'infortuné Bissette de recouvrer 5,000 fr. dûs par billet sur un avoué au Fort-Royal. Des poursuites avaient été commencées. *Indè mali labes!*

goëlette, peu d'instans après leur embarquement, ils s'empressèrent tous de porter des secours, et furent assez heureux pour l'éteindre, et préserver le bâtiment et son équipage. Au moment où ils recevaient des re-mercîmens sur leur dévouement, les créoles de Saint-Pierre les accusaient d'y avoir mis le feu.

Cependant le comité qui dirigeait toute cette affaire ne s'endormait pas : les arrestations continuèrent dans la journée du 23 ; il n'épargna pas même les personnes du sexe.

Parmi les douze déportés qui, après l'incendie, passèrent sur *la Constance*, se trouvait un respec-table vieillard ; G. Saint-Aude connaissait, par une expérience de soixante années, toute l'activité de la haine de la caste privilégiée. Il ne désespéra sans doute pas de la justice de V. M. ; mais craignant peut-être que cette justice ne fût tardive, ou que, rétabli dans la colonie, il ne fût exposé aux mêmes humilia-tions, et dans tous les cas hors d'état de réparer les pertes résultant d'une telle catastrophe, le désespoir le saisit ; et après avoir prédit à ses compagnons d'infor-tune une série de maux qui, sans doute, ne se réali-seront jamais, ce vieillard, dont la conduite avait été irréprochable, et dont les cheveux blancs inspiraient la vénération, se précipite, la nuit du 24 au 25 dé-cembre, dans les flots, et disparaît pour jamais.

Pour ne pas perdre une victime, son fils fut arrêté le jour même où on lui apprit la mort de son père, et il fut déporté à sa place.

Après avoir ainsi substitué le fils au père, on pou-vait bien arrêter le frère pour le frère. M. Sidney Descasse, instruit que des ordres avaient été donnés pour l'arrêter, se mit en lieu de sûreté ; M. Mon-trose Descasse, négociant à Saint-Pierre, fut arrêté à sa place, et déporté pour l'étranger.

Jusqu'alors il semblait que c'était une querelle de famille, et que la métropole serait chargée de recevoir tous les bannis, sauf à leur rendre justice plus tard.

Il n'en fut pas ainsi : la haine des persécuteurs ne rougit pas de rendre le monde entier témoin de leur injustice : ces déportations eurent lieu pour les colonies anglaises, espagnoles, américaines, et déjà les journaux étrangers retentissent de la célébrité d'une mesure aussi désastreuse.

On compte plus de deux cents déportations (1), (dont 43 seulement pour France); dans le nombre sont des négocians qui ont plus de 20,000 fr. de rente. Ceux qui sont déportés pour la France, sont des moins aisés, et pour la plupart, illétrés; les autres ont été envoyés enrichir des colonies étrangères, la France nourrira sans doute le reste. La terreur fut si grande, que l'émigration des hommes de couleur s'élève, dit-on, à 1,500 personnes. Ceux qui ne furent pas arrêtés par la force, ont reçu des passe-ports ou congés avec invitation de quitter la colonie dans le plus bref délai.

Plusieurs étaient créanciers des créoles : on cite entre autres, Jacob Lebrun, négociant au quartier de la Trinité, et Francisque, mécanicien au quartier de la Bassepointe, l'un et l'autre propriétaires, forcés de s'embarquer sans avoir pu obtenir le paie-ment de sommes assez considérables qui leur étaient dues par un magistrat.

Les créoles s'offraient eux-mêmes pour faire les arrestations, et ils y ajoutaient les traitemens les plus cruels envers des vieillards et des enfans.

Plusieurs sont morts du coup que cette arrestation leur a porté : on cite entre autres M. Bolly, qui fut embarqué malade, sur la frégate la Flore, puis dé-barqué pour être mis à l'hôpital, puis jeté en prison

_____

(1) V. ci-après, parmi les pièces justificatives, l'état nomi-natif des déportés, à l'époque du 15 mars 1824. Les journaux annoncent qu'elles continuent.

où il demeura sans secours ; il s'est donné la mort. M. J. Baptiste de la paroisse du Lamentin fut arrêté et conduit dans les prisons du Fort-Royal ; il était dangereusement malade ; il a succombé peu de jours après son arrestation. Joseph Abraham est mort dans la traversée de France.

MM. Hippolyte Zenne et Joseph Millet, malgré leur âge et leurs infirmités, ont été maltraités.

Dans la paroisse du Carbet, un propriétaire, le sieur Precop, âgé de 62 ans, chargé de 12 enfans, avait, dans l'insurrection du Carbet, rendu des services signalés, il y avait à peine deux ans. La reconnaissance n'est pas la vertu des créoles. Soupçonné mal à propos d'avoir chez lui un dépôt d'armes, lui qui ne s'en servait que pour protéger la vie des blancs, il est arrêté ; et quoiqu'on n'ait rien découvert, il est déporté de la colonie ; ses trois jeunes fils, qui doivent le remplacer, sont également déportés ; voilà donc en un instant, une intéressante famille livrée à la misère et au désespoir. L'un de ces fils laissait aussi une jeune épouse et des enfans.

On assure qu'en plein jour, dans la ville de Saint-Pierre, un créole se permit de décharger son pistolet sur un homme de couleur avec lequel il n'était pas en discussion.

Dans la paroisse de la Rivière-Sallée, un homme de couleur, pour avoir donné la main et dit bonjour à un de ses amis arrêté, fut, sans autre explication, arrêté lui-même, et conduit dans la même prison.

Tandis que ceux qu'on accusait de conspirer se laissaient ainsi maltraiter, arrêter, jeter dans les fers, ou déporter, les créoles, ces hommes soumis aux lois, ces amis de l'ordre et de la justice, formaient des assemblées séditieuses sur convocations, dans toutes les paroisses, et usurpant des fonctions qui ne leur appartenaient pas, et qui, dans la mère-patrie, les auraient exposés à toute la sévérité des lois, ils parcouraient les campagnes armés, arrêtaient, de leur

autorité privée , quiconque avait eu le tort de
leur déplaire, ou de ne pas répondre à leurs pro-
vocations; on a vu les commandans des paroisses
insulter aux malheureux qu'ils arrêtaient , brutaliser
les sœurs, les épouses et les mères de leurs victimes,
qui leur portaient des secours et leur donnaient le bai-
ser d'adieu. Un habitant de la paroisse du Lamentin,
oublia sa qualité de magistrat de la colonie , au point
de parcourir lui-même les villages pour y faire des
arrestations. Dans les paroisses de la Basse-Pointe et de
la Grande-Anse, où les violences furent les plus mar-
quées ; on vit un propriétaire, homme de couleur,
(Rose-Ambroise) assailli, au milieu de la nuit, par
une bande armée, essuyer le feu de la mousqueterie.
Il parvint à s'échapper, et se rendit auprès du commandant de la paroisse pour se plaindre ; il fut à l'instant arrêté, puis plongé dans les cachots de l'habitation où se tenait l'assemblée illicite de son quartier. Il a été déporté, et il est mort dans la traversée
pour France, par suite des mauvais traitemens qu'il
a essuyés ; son fils aîné l'a remplacé dans les prisons.

M. Jacques Cadet, possédait en la paroisse du
Robert, une habitation de la valeur de 130,000 fr. ;
soupçonné d'avoir lu la malheureuse brochure, il
est traîné dans la prison du Fort-Royal. Informé qu'il
serait déporté , il fit appeler son jeune fils pour mettre
ordre à ses affaires. Tandis que celui-ci remplit ce
devoir douloureux auprès de son père, l'assemblée
séditieuse de la paroisse se transporte chez lui, en-
fonce les portes, et livre son atelier aux plus grands
désordres. Le fils rend plainte au procureur du Roi:
pour toute réponse, il reçoit l'ordre de se rendre en
prison où il est encore, s'il n'est pas déporté.

Jacques Cadet est cet homme de couleur dont il
est parlé page 20 de la brochure ; il était désigné
comme la victime de ce blanc qui, sans motif et par
une affreuse méprise, assassina publiquement M. Des-
nodri, ce qui ne l'a pas empêché, après un an

d'absence, de rentrer chez lui et d'être, plus tard, revêtu de la charge de commissaire commandant de son quartier.

Pour rassurer les blancs, on désarma tous les hommes de couleur, à l'exception de ceux du 6° bataillon, parce que M. *Dugué*, leur chef jura qu'il répondait des siens. Tout le monde obéit à cette mesure sage, ce qui n'empêcha pas les arrestations de continuer avec autant d'acharnement.

On sent combien ces arrestations donnèrent de moyens de satisfaire de vengeances particulières, et combien de débiteurs en crédit s'en servirent pour éloigner des créanciers importuns.

C'est ainsi qu'en moins de trois mois, la population des hommes de couleur fut décimée, dispersée et ruinée par une proscription en masse. Cet événement, dit-on, était prévu et annoncé d'avance; la colonie devait être purgée d'un millier d'hommes de couleur. Le succès dans ce cas a dépassé l'espérance; car les expatriations s'élèvent à plus de quinze cents personnes.

Tel est l'état dans lequel se trouve aujourd'hui cette malheureuse colonie, que les navires du commerce ne s'y rendent plus : elle est comme en état de faillite. La secousse s'en est fait ressentir jusque dans la métropole; et des maisons respectables de la capitale ont cru devoir en exprimer leur douleur dans la lettre suivante, qu'ils ont adressée le 14 mai à S. Exc. le ministre de la marine et des colonies (1).

_____

(1) En voici les termes :

Monseigneur, Nous n'avons pas appris, sans de vives alarmes, la mesure dont viennent d'être frappés plusieurs des principaux négocians de la Martinique, nos correspondans. Si la déportation contre eux prononcée sans jugement, n'est pas révoquée, et s'il ne leur est pas permis de reprendre la direction de leurs affaires, ils seront inévitablement constitués en état de faillite, et des pertes énormes vont fondre sur nous.

Si la déportation avait été prononcée par l'autorité judi-

CONCLUSION.

Nous ne discuterons pas ici la légalité de l'ordre de déportation ; cette tâche a été confiée à de plus habiles mains ; et c'est dans la consultation délibérée pour les supplians, qu'il faut chercher la preuve de l'illégitimité de la détention qui en est la suite, et qui dure encore. Cette illégalité une fois reconnue, ce serait faire injure au gouvernement de V. M., de mettre en doute que l'injustice doive être réparée.

Sans doute le gouvernement n'a pas l'intention de retenir dans une prison perpétuelle, en vertu d'un acte extrajudiciaire, d'une véritable lettre de cachet, des hommes qui n'ont en rien offensé les lois de leur pays, et qui ne sont convaincus d'aucun crime ou délit. En France, nul ne peut être détenu sous la surveillance de la haute police sans jugement. La déportation aux colonies françaises du Sénégal ou

ciaire, nous ne nous permettrions pas d'intercéder autrement que pour la grâce, en attestant que nous connaissons nos correspondans pour des hommes probes et industrieux, amis de l'ordre et de la paix ; mais la mesure dont il s'agit n'étant qu'une mesure provisoire, arrachée sans doute par les alarmes de quelques blancs, à S. Exc le gouverneur, et ayant besoin, pour devenir définitive, d'être approuvée par S. M. et d'être légalisée, nous venons supplier V. Exc. de mettre sous les yeux de S. M., et d'agréer elle-même l'expression de nos craintes et la gravité des pertes qu'elle nous fait supporter.

Nous sommes, etc., *signé* Torigny et Purpin, rue des Mauvaises-Paroles ; n. 17. — Primois et Saint-Évron, rue des Deux-Boules, n. 2. — A. Lanavil neveu, et compagnie, rue Notre-Dame des Victoires, n. 24. — Legros, rue des Mauvaises-Paroles, n. 19 ; — Tregent, rue des Déchargeurs, n. 8 ; — Schlumberger, Grosjean et compagnie, rue des Jeuneurs, n. 8. — Pour M. Clerc-Neveu, Duhamel, rue de la Feuillade, n. 2 ; — Terwangue-Paimous et compagnie, rue Neuve des Petits-Champs, n. 35 ; — J. R. Poupart de Ruistein et compagnie ; — Gros, Davillier, Odier et compagnie, boulevard Poissonnière, n. 15 ; Hippolyte Gavoty, rue des Bourdonnais, n. 8 ; — Burtin, par procuration de M. Garellon-Rouly. (Tous correspondans de *Mont-Louis Thébia* et *Ériché*).

ailleurs, serait la continuation d'une mesure illégale. La seule chose qu'il soit convenable de discuter ici, est la forme et la nature de la réparation.

Il est évident, par ce que nous avons dit et prouvé sur l'influence de l'esprit colonial, et sur l'impuissance où on s'est trouvé jusqu'à présent de protéger efficacement les hommes de couleur, que cette réparation doit être publique à l'égard de tous les réclamans, et de plus qu'elle doit avoir un caractère de généralité tel, qu'elle leur soit réellement profitable, et qu'ils puissent rentrer avec sécurité dans leurs foyers.

La réparation doit être *publique*, et constatée par un acte éclatant de la justice de V. M. Si l'on se bornait à révoquer tacitement l'ordre de déportation, en mettant en liberté les proscrits, et leur faisant délivrer des passe-ports, qu'arriverait-il? Ils ne pourraient rentrer dans leur pays que comme des supplians ou des graciés, tandis qu'ils ont droit d'y paraître comme des hommes dont l'innocence a été reconnue et dont les droits ont été violés.

La réparation doit être *générale*. Pourquoi, en effet, seraient-ils plus maltraités que les autres, ceux que le comité colonial a fait déporter aux contrées étrangères? Serait-ce parce qu'ils sont plus malheureux, ou qu'ils ne sont pas suffisamment représentés? Mais ce n'est pas devant le conseil de V. M. qu'on peut avoir à craindre de pareilles exceptions.

Si la justice que les supplians attendent n'avait pas ce caractère de publicité et de généralité, ils ne rentreraient dans la colonie que pour y réaliser leur fortune, et ils s'empresseraient de fuir une terre qui ne leur offre plus aucune protection.

Voilà ce qui nous paraît la justice; et quant à la politique, cette autre justice des gouvernemens, elle veut, ce nous semble, qu'on ne cède rien à une classe qui ose protester contre l'exécution des lois de la métropole (les édits de 1642 et 1685), et qui, malgré sa faiblesse, ose porter, presque jusqu'à la menace et à la rébellion, son opposition aux améliorations que réclame l'état des colonies, et que V. M. a daigné promettre.

La politique ne veut pas que l'on sacrifie la classe la plus nombreuse, la plus soumise et la plus fidèle, à une caste qui ne met pas de bornes à ses prétentions.

La politique commande l'union et la fusion la plus parfaite entre les sujets du même État ; mais il ne peut y avoir de fusion et d'union, là où tous les droits sont d'un côté, et où l'oppression la plus complète, sans espoir d'amélioration, se trouve de l'autre.

La politique ne permet pas que l'on réduise au désespoir une population nombreuse, active et industrieuse, qui ne demande qu'à bénir ceux qui la gouvernent, et qui ne réclame que la garantie des droits civils et de cité, qu'elle sait lui appartenir.

La politique ne veut pas qu'en réduisant la classe des hommes de couleur à un état d'ilotisme pire que l'esclavage, on les force à s'exiler volontairement, ou à nourrir au fond de son cœur une haine inextinguible contre ses oppresseurs, à se montrer indifférens ou même secrètement favorables aux mouvemens de la population esclave (1).

La politique doit savoir, selon l'expression d'un grave magistrat, que les états ne peuvent prospérer ni se maintenir sans bon ordre de justice.

En un mot la politique doit apercevoir l'état actuel du nouveau monde, et si c'est le moment de reculer dans la carrière des améliorations sociales.

ISAMBERT.

AVOCAT AUX CONSEILS DU ROI.

Paris, 29 juin 1824.

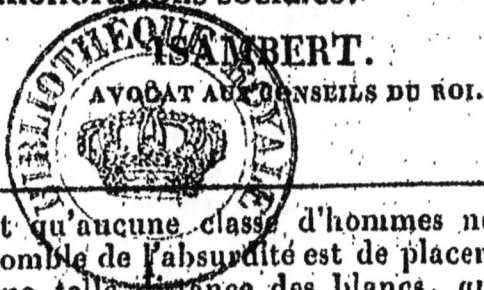

---

(1) M. *Malouet* a écrit qu'aucune classe d'hommes ne se laisse avilir, et que le comble de l'absurdité est de placer les hommes de couleur à une telle distance des blancs, qu'ils croient avoir à gagner en devenant leurs ennemis.

MÉMOIRE A CONSULTER (¹)

SUR

La question de savoir si les Déportations sans jugement sont autorisées par les lois de la Colonie.

L'ordre en vertu duquel les consultans ont été arrachés à toutes propriétés et à leurs familles, paraît être une de ces mesures arbitraires, connues autrefois en France sous le nom de *lettres de cachet.*

Ce mot lui-même se trouve, pour la première fois, dans l'ordonnance d'Orléans,

Art. XI : « Et parce qu'aucuns abusant de la faveur
» de nos prédécesseurs par importunité, ou plutost
» subrepticement, ont obtenu quelquefois des lettres
» de cachet et closes, ou patentes, en vertu des-
» quelles ils ont fait sequestrer des filles, et icelles
» épousé, ou fait épouser, contre le gré et vouloir
» des pères, mères, et parents, tuteurs ou cura-
» teurs, chose digne de punition exemplaire, enjoi-
» gnons à tous juges de procéder extraordinairement
» et comme de crime de raps, contre les impétrans,
» et ceux qui s'aideront de telles lettres sans avoir
» aucun égard à icelles. » (Charles IX, à Orléans,

---

(1) Il avait été rédigé en forme de consultation; mais on a été obligé, vu l'urgence, de le transmettre à son excellence le ministre de la marine avant la délibération des avocats. On sera surpris sans doute qu'une telle question puisse être élevée aujourd'hui. Cependant il faut bien l'examiner pour rassurer les esprits timorés qui croient que l'autorité ne se trompe jamais.

5

janvier 1560). Cette loi n'a point été publiée à la Martinique (1).

« Les lettres closes ou de cachet, a dit un mem-
» bre de l'ancien barreau (2) (dans un Mémoire sur
» les détentions arbitraires, remarquable par son ex-
» trême modération, et par l'absence de toute décla-
» mation), avaient deux emplois, ou plutôt deux
» abus ; tantôt on les adressait aux tribunaux pour
» leur ordonner de juger de telle manière dans telle
» cause, ou pour leur défendre une poursuite crimi-
» nelle, ou pour évoquer une affaire au conseil.
» Tantôt, mais bien rarement, elles portaient des
» ordres d'exil ou d'emprisonnement contre certai-
» nes personnes.

» Quelquefois elles statuaient sur des objets in-
» différens. Ainsi, c'est par des lettres de cachet,
» adressées aux conseils supérieurs des colonies, que
» Louis XV et Louis XVI annoncèrent leur avéne-
» ment au trône (3).

» Chaque fois que des ordres ou rescrits particu-
» liers du prince venaient intervertir le cours de la
» justice, les magistrats réclamaient, les souverains
» reconnaissaient leurs fautes, et il en résultait des
» édits sévères qui ne laissaient plus entre le juge et
» le législateur que cette volonté générale par la-
» quelle il embrasse tous les sujets, sans acception

---

(1) La première loi insérée dans le Code officiel de la colonie, que nous avons soigneusement et plusieurs fois compulsé, est l'Édit de Louis XIII, donné à Narbonne, au mois de mars 1642.

(2) *M. Lacretelle aîné*, de l'Institut, tome III, p. 82 de ses Œuvres judiciaires. — Ce Mémoire a été publié vers 1780, à l'occasion de la cause du comte Ch...., détenu arbitrairement. — Mirabeau a dit de ce Mémoire qu'il avait renouvelé par la modération un sujet épuisé par l'invective.

(3) Voir le Recueil des Constitutions des colonies, par Moreau de St.-Méry.

» particulière, et qui ne peut se manifester que sous
» une forme authentique.

    » Il n'en fut pas de même des lettres de cachet
» qui disposaient de la liberté de la personne; celles-
» ci n'étaient pas adressées aux ministres de la jus-
» tice; elles trouvaient des exécuteurs dans ceux
» qui les délivraient, comme dans ceux qui les
» avaient sollicitées. Elles ne pouvaient exciter que
» les plaintes étouffées de leurs victimes; les cours
» de justice n'en avaient connaissance que de loin
» en loin par quelque fait remarquable. Cependant
» jamais elles n'oublièrent leurs devoirs, et la per-
» sévérance de leurs représentations contenait, jus-
» qu'à un certain point, l'abus de ces ordres illé-
» gaux. »

Jusqu'à Louis XIV les emprisonnemens arbitraires
n'étaient pas devenus un mal permanent de nos usages
et de nos mœurs. Ce monarque lui-même n'en ap-
prouvait pas le principe. « Je ne les établirais pas,
disait-il, mais je les ai trouvées en usage, et j'en use-
rai. » Il sortait d'un temps de troubles, et dans les
commencemens de son règne il voulait user d'une
autorité absolue; quand elle fut affermie, il n'aurait
pas eu besoin d'y recourir; mais, lorsque ce monarque
naturellement ennemi de la violence, mais égaré par
un faux zèle de religion, commença à persécuter les
protestans, on les accabla par des lettres de cachet;
tout ce qui parmi les religionnaires était soupçonné
d'avoir du zèle, était ainsi frappé; les autres étaient
livrés à des lois plus terribles encore qui les en-
voyaient aux galères; on séparait les époux; on en-
levait les enfans à leurs pères.

    « Les lettres de cachet, dit l'auteur déjà cité, sont
» un terrible danger lorsqu'une classe d'hommes est
» tombée sous l'animadversion du gouvernement.
» Dans les victoires d'un parti sur un autre, elles
» ont rendu déserts les tribunaux pour peupler les
» solitudes du royaume. »

On porte à quatre-vingt mille le nombre des prisonniers d'État dans les affaires du jansénisme.

Aujourd'hui, disait en 1770 la Cour des aides, par l'organe de l'illustre *Malesherbes*, dans ses remontrances au roi : « Aujourd'hui on croit les lettres de
» cachet nécessaires toutes les fois qu'un homme du
» peuple a manqué au respect dû à une personne
» considérable, comme si les gens puissans n'avaient
» pas déjà assez d'avantages. C'est aussi la punition
» ordinaire des discours indiscrets ; car on n'a jamais
» de preuve que la délation, preuve toujours incer-
» taine, puisqu'un délateur est toujours un témoin
» suspect.
» Il est notoire que l'on fait intervenir des ordres
» supérieurs dans toutes les affaires qui intéressent
» des particuliers un peu connus, sans qu'elles aient
» aucun rapport ni à Votre Majesté personnellement,
» ni à l'ordre public ; et cet usage est si généralement
» établi, que tout homme qui jouit de quelque con-
» sidération croirait au-dessous de lui de demander
» la réparation d'une injure à la justice ordinaire.....
» Ces ordres sont souvent remplis de noms obscurs
» que Votre Majesté n'a jamais pu connaître....... Il
» en résulte, Sire, qu'aucun citoyen dans votre
» royaume n'est assuré de ne pas voir sa liberté sa-
» crifiée ; car personne n'est assez grand pour être à
» l'abri de la haine d'un ministre, ni assez petit pour
» n'être pas digne de celle d'un commis. »

Il faut dire, à l'honneur de l'ancienne magistrature, qu'elle protesta constamment contre l'usage des lettres de cachet ; elle fit mieux, elle condamnait ceux qui les sollicitaient et les exécutaient à des dommages et intérêts considérables. Voyez notamment au nouveau Répertoire un arrêt rendu à la grande chambre du Parlement le 9 avril 1770 contre Latour du Roch, qui le condamne à 20,000 francs de dommages et intérêts. M. D'Espréménil s'était signalé par son zèle à cet égard ; il ne connaissait pas une lettre de cachet,

qu'il ne la dénonçât aux chambres assemblées. « Les
» ministres de la loi ne peuvent rien, disait à Louis XV
» le parlement de Rouen, s'ils n'ont la loi pour ga-
» rant, et la PLURALITÉ pour témoin.... Celui qui
» exerce le pouvoir (des lettres de cachet) n'a point
» de pluralité pour caution de sa sagesse, puisqu'il
» l'exerce seul ; il n'a point la loi pour garant de sa
» conduite, puisque l'administration s'étend sur des
» choses que la loi n'a point ordonnées.... Le même
» pouvoir qu'il a de faire le mal, lui sert efficacement
» à empêcher qu'on ne vous en instruise. »

C'est au besoin de cette pluralité qu'est due la création de ces tribunaux d'attribution, tels que les cours
des Comptes, des Aides, etc., qui, avant la révolution, donnaient une protection si efficace à des intérêts qui sont aujourd'hui abandonnés au pouvoir discrétionnaire des administrateurs.

Les moindres intérêts pécuniaires sont garantis
soigneusement par la loi, et par les tribunaux qui
en sont les organes ; l'homme n'a-t-il pas aussi la
propriété de sa personne, et celle-ci n'est-elle pas
mille fois plus précieuse ?

L'abus des lettres de cachet est l'un de ceux que
l'on s'empressa de réprimer, aussitôt que l'on s'occupa
de la réforme de nos lois criminelles. « Les ordres
» arbitraires portant exil, dit l'article 10 de la loi
» du 16-26 mars 1790, et tous autres de la même
» nature, ainsi que toutes lettres de cachet, sont
» abolis, et il n'en sera plus donné à l'avenir ; ceux
» qui en ont été frappés sont libres de se transporter
» partout où ils jugeront à propos.

» Les ministres seront tenus de donner aux exilés,
» communication des mémoires et instructions sur
» lesquels aura été décerné contre eux l'effet des or-
» dres illégaux qui cessent par l'effet des présentes. »

Depuis cette époque des peines sévères ont été
portées contre ceux qui se permettent de tels actes.

« Tout homme, dit l'article 19, section 3, titre 1,

» partie 2, du Code pénal de 1791, quel que soit sa
» place ou son emploi, autres que ceux qui ont reçu
» de la loi le droit d'arrestation, qui donnera, si-
» gnera, exécutera l'ordre d'arrêter une personne,
» vivant sous l'empire et la protection des lois fran-
» çaises, ou l'arrêtera effectivement, si ce n'est pour
» la remettre sur-le-champ à la police, dans les cas
» déterminés par la loi, sera puni de la peine de six
» années de gêne. — Les gardiens et geoliers sont
» déclarés complices. » Cette disposition a été renouvelée par l'article 634 du Code du 3 brumaire an 4,
et par les articles 114, 119 et 120 du Code pénal. La
sollicitude du législateur a été si loin, qu'il poursuit
les fonctionnaires publics qui refusent de constater
les détentions illégales et arbitraires.

Les prisons d'Etat ont été rétablies un moment par
un acte du despotisme du chef de l'ancien gouvernement, usurpateur en ce point de la puissance législative; mais ce décret du 3 mars 1810 est tombé par
l'effet de la promulgation de la Charte.

Si les peines portées contre les détentions arbitraires
n'existent pas dans la législation qui régit la colonie,
la responsabilité morale de pareils actes n'en est pas
moins grande; dans tous les cas, il suffit qu'aucune
loi n'autorise les gouverneurs à déporter sans jugement les citoyens domiciliés; si la pratique existe, elle
est abusive et rien ne saurait la justifier.

A la vérité, un arrêté consulaire du 6 prairial an X
(26 mai 1802), publié à la Martinique (1) à l'époque
de la reprise de possession par la France, porte, art. 5:
« Que le gouverneur pourra, en cas d'urgente né-
» cessité et sur sa responsabilité, surseoir en tout ou
» en partie à l'exécution des lois et réglemens, après
» en avoir délibéré avec le préfet colonial et le grand-
» juge. (Art. 15), que le préfet colonial est chargé

(1) Voy. Code de la Martinique, tome IV, p. 462.

» de la haute-police; et (art. 31) qu'aucun citoyen
» non attaché au service ne pourra être arrêté *extra-*
» *judiciairement* que sur le visa du grand-juge, et
» qu'il en sera rendu compte au ministre. »

Mais en premier lieu, si cet arrêté reconnaissait au
gouverneur le droit de retenir en prison les habitans,
sans jugement, il ne lui accordait pas celui de bannir
ou de déporter, peine bien plus forte que celle de
l'emprisonnement nécessairement temporaire, parce
que dans cette position on peut encore communiquer
avec sa famille et veiller à la direction de ses affaires.

En second lieu, cet essai d'établissement militaire,
suspensif du régime légal et de l'ordre civil, si conforme au caractère particulier du chef du gouvernement d'alors, a disparu devant les lois de la restauration.

S. M. en reprenant possession de la colonie, à la
fin de 1814, avait, par un mémoire d'instruction aux
nouveaux administrateurs, du 16 août 1814, enregistré au Conseil supérieur le 15 décembre, prescrit
de remettre la Martinique sous la protection de ses anciennes lois, et en conséquence, par une ordonnance
du 12 décembre 1814 (1), M. le comte de Vaugiraud,
et l'intendant Dubuc ont rétabli les tribunaux de la
colonie dans leurs dénominations, attributions et prérogatives, dont ils jouissaient avant 1789. (Art. 1er.)

« La colonie, porte l'article 2, sera régie par le
» code civil maintenant en vigueur, et par les *lois* et
» ordonnances enregistrées dans les tribunaux, sauf
» toutes exceptions et modifications qu'il plaira à
» S. M. d'y apporter. »

Il ne s'agit donc plus que d'examiner si les lois de
la colonie, antérieures à 1789, autorisaient les déportations ou bannissemens sans jugement. Nous avons
parcouru attentivement le code officiel de la Marti-

(1) Insérée au Recueil complet des lois et des ordonnances,
année 1814, p. 659.

nique, et loin d'y avoir découvert rien qui autorise
l'exercice d'une prérogative aussi extraordinaire et
aussi dangereuse, nous voyons, au contraire, par
l'édit de création du Conseil supérieur, du 11 octobre 1664, que le gouverneur avait entrée en la Cour
et présidait avec elle, au jugement en dernier ressort,
de tous procès et différends tant *civils* que *criminels*,
ce qui exclut tout arbitraire dans la déclaration de la
culpabilité et dans l'application des peines.

Un arrêt du Conseil d'Etat du 21 mai 1762, portant
réglement entre la justice de la colonie et le gouverneur, ordonne qu'en toute affaire contentieuse civile
ou *criminelle*, les parties ne pourront se pourvoir que
devant les juges à peine de dix mille francs d'amende.
Ordonne aussi que les gouverneurs commandans, et
autres officiers d'état-major, prêteront main-forte
pour l'exécution des décrets, sentences, jugemens ou
arrêts, *sans qu'ils puissent rien* entreprendre sur les
fonctions ordinaires desdits juges, ni s'entremettre,
sous quelque prétexte que ce puisse être, dans les
affaires portées devant les juges, et en général dans
toutes les affaires contentieuses.

Cet arrêt du conseil-d'Etat est motivé sur la nécessité de faire cesser les difficultés entre le gouverneur et les officiers de justice sur les limites des pouvoirs qu'ils ont reçus pour le bien de son service, et
pour la sûreté et tranquillité de ses sujets.

Un réglement du roi du 24 mars 1763, relatif à
l'administration de la colonie, confirme ces dispositions en attribuant le gouvernement militaire au gou-
verneur-général, le gouvernement civil, (c'est-à-dire
l'administration) à un intendant; et la justice au
conseil supérieur.

L'article 25 porte que le gouverneur pourra sié-
ger au conseil supérieur; mais il lui défend de se
mêler en *rien* de l'administration de la justice.

L'ordre public, dit un mémoire d'instruction du

25 janvier 1765, exige que le gouverneur s'abstienne de tout ce qui appartient aux tribunaux.

Or comme les tribunaux ont le droit de prononcer le bannissement ou la déportation, ainsi que le prouve assez l'arrêt rendu par la Cour royale de la Martinique le 12 janvier 1824, maintenant déféré, par Bissette, Fabien, Volny et autres, à la censure de la Cour suprême, il est évident que le gouverneur ne peut s'arroger un pouvoir confié par la volonté de la loi à la décision des cours.

Ce serait un moyen de se soustraire à l'accomplissement des formalités établies par l'ordonnance criminelle de 1670, qui, à défaut du Code d'instruction criminelle, est restée en pleine vigueur, en vertu de l'enregistrement du 5 novembre 1681.

Ces principes sont confirmés par un décret de l'Assemblée coloniale du 21 juillet 1790 (1), approuvé par le gouverneur, et enregistré au Conseil souverain le 24. Ce décret porte que le gouverneur ne peut exercer le pouvoir judiciaire (2).

En un mot, il n'existe dans les lois enregistrées dans la colonie avant 1789, aucune disposition qui autorise directement ou indirectement les bannissemens ou déportations sans jugement.

Et depuis 1814, S. M. n'a point accordé aux gou-

---

(1) Code de la Martinique, tome IV, p. 214.

(2) Il existe dans le Recueil des constitutions des Colonies, par Moreau de Saint-Méry, une ordonnance du roi du 24 avril 1670, enregistrée dans les tribunaux de Saint-Domingue, qui défend aux gouverneurs de mettre les habitans en prison, et de les condamner à l'amende. Cette ordonnance est ainsi motivée : « Sa Majesté ayant établi un conseil souverain en chacune des » isles pour y administrer la justice ; et, ayant été informée que » quelques-uns des gouverneurs particuliers ont quelquefois pris » l'autorité d'arrêter, et de constituer prisonnier aucuns desdits » habitans, ce qui est entièrement contraire au bien et à l'aug- » mentation de la colonie. »

verneurs un pouvoir aussi exorbitant, et dont il serait si facile d'abuser.

Loin de là, S. M., par une ordonnance du 22 novembre 1819, insérée au Bulletin des lois en 1823, a promis de faire jouir ses sujets des colonies des institutions protectrices de la métropole, de son organisation judiciaire, de ses codes civils et criminels, qui, tous, prohibent les détentions arbitraires ; par l'article 4 de cette ordonnance, il est dit, qu'en conformité du droit public des Français, tous arrêts et jugemens seront motivés, et que la peine de la confiscation des biens des condamnés est abolie.

Disposition qui ne peut se concilier avec le droit d'incarcérer et de déporter par des mesures de haute police ; car ces mesures seraient des jugemens, et par suite les ordres de bannissemens devraient être motivés.

Le bannissement dont il s'agit est tellement illégal, que l'on n'a pas osé notifier à chacun des déportés l'ordre qui le concernait ; et c'est un degré de plus dans l'arbitraire ; car sous le régime des lettres de cachet, l'exhibition en était toujours faite à ceux qu'elles concernaient. (Nouveau Répert., v°. lettres de cachet.)

Il résulte des renseignemens transmis par les consultans, que sur les frégates où ils furent embarqués, un individu s'était présenté à eux comme secrétaire particulier de S. Exc. le gouverneur, et leur avait fait signer sur un livre, des congés en blanc, en guise de passe-ports, qui ne leur furent pas délivrés.

Ce procédé n'est qu'une déception. Il n'est que trop évident que les consultans ne sont pas de simples passagers, puisqu'à leur arrivée à Brest, il n'a été permis qu'à quatre d'entre eux de se rendre à terre ; que leurs compagnons d'infortune ont été conduits malgré eux à Rochefort, et qu'enfin des passe-ports pour se rendre où bon leur semblait leur sont refusés par les autorités administratives.

Il résulte de ces circonstances prouvées, que la mesure dirigée contre les consultans n'est pas un simple bannissement, mais une véritable déportation.

Sa Majesté, en réunissant en 1818 les fonctions des intendans à celles des gouverneurs militaires, et en cumulant dans une seule main les pouvoirs militaire et civil, a ordonné que toute mesure fût délibérée en conseil de gouvernement, et ne reçût qu'une exécution provisoire. Tous ces actes contiennent la clause, sauf l'*approbation de Sa Majesté*.

Dans l'espèce si une semblable délibération a été prise, point de doute qu'elle ne soit déjà parvenue à la connaissance du roi et de ses ministres.

Les consultans, en adressant à Sa Majesté leurs justes réclamations, n'ont point accusé les intentions de M. le général Donzelot. Cet exemple de modération n'est-il pas un motif pour qu'ils soient écoutés plus favorablement?

A Paris, ce 26 juin 1824.

ISAMBERT, *avocat*.

PIÈCES JUSTIFICATIVES.

N° I. *Arrêt de la Cour royale de la Martinique qui condamne aux galères perpétuelles, à la déportation et au bannissement plusieurs hommes de couleur libres, pour colportage et lecture de brochures.*

Fort-Royal, 12 janvier 1824.

Louis, par la grâce de Dieu, roi de France et de Navarre, à tous ceux qui ces présentes verront, salut :

Notre cour royale de l'île Martinique a rendu l'arrêt suivant :

Vu par la cour la procédure criminelle extraordinairement instruite, à la requête du substitut du procureur général du Roi, près le tribunal de première instance du Fort-Royal, demandeur et accusateur, agissant de son office, d'une part ;

Contre les nommés Cirille-Charles-Auguste Bissette, Jean-Baptiste Volny, marchand ; Louis-Fabien fils, marchand ; Eugène Delfille, marchand ; Joseph Demil, *dit* Zonzon ; Joseph Frapart, marchand ; Jean-Martial Bellisle-Duranto, entrepreneur de bâtimens ; tous hommes de couleur libres, demeurant en la ville du Fort-Royal, accusés d'être auteurs, fauteurs ou participans d'une conspiration dont le but aurait été de renverser l'ordre civil et politique établi dans les colonies françaises, à l'aide de brochures, d'adresses séditieuses et de manœuvres sourdes, tendantes à enflammer les esprits et à soulever une des classes de la population contre l'autre, et notamment d'avoir introduit et fait circuler clandestinement dans la colonie un pamphlet séditieux, intitulé : *De la Situation des gens de couleur libres aux Antilles françaises*, défendeurs, d'autre part :

Sur laquelle procédure aurait été rendu jugement par le tribunal de Fort-Royal, la chambre assemblée, le 5 de mois ;

Par lequel jugement les premiers juges auraient dit : etc.

Vu l'appel interjeté *à minimâ*, par le substitut du procureur-général du Roi, ledit jour 5 de ce mois ;

Vu aussi l'appel interjeté par les nommés Bissette, Volny, Fabien fils, et Eugène Delfille, lors de la lecture dudit jugement, qui leur a été donnée par le greffier, entre les deux guichets de la geole de Fort-Royal le 6 du même mois ;

Vu toutes les pièces sur lesquelles le jugement a été rendu ;

Vu les conclusions par écrit de M. Lepelletier-Duclary, conseiller titulaire, faisant fonctions de procureur-général du Roi, ouvertes sur le bureau ;

Ouï, les accusés Bissette, Volny, Fabien fils et Eugène Delfille, en leurs interrogatoires subis sur la sellette ;

Ouï, les accusés Zonzon, Frapart et Bellisle-Duranto, en leurs interrogatoires subis à la barre ;

Vu la requête en atténuation présentée à la cour par les nommés Bissette, Fabien, Volny et Eugène ;

Ouï M. Bence, conseiller titulaire, en son rapport verbal ;

Vu aussi la déclaration du Roi, du 16 avril 1757,

Tout vu et mûrement examiné ;

La cour met les appellations, et ce dont est appel au néant.

Emendant, statuant sur les reproches fournis par Bissette contre le cinquième témoin ouï en l'information.

Attendu qu'ils ne reposent que sur des allégations vagues et dénuées de preuves, et que d'ailleurs le caractère respectif du déposant et de l'accusé, repousse toute idée de l'existence d'une inimitié capitale entre eux ;

Déclare lesdits reproches non pertinens et inadmissibles, et les rejette du procès.

Statuant sur les conclusions prises dans les requêtes, tendantes à établir par témoins la preuve que le nommé Fabien n'est pas coupable, 1° du bris de scel ; 2° de la tentative de subornation des deux témoins ouïs en l'information ; et que le nommé Eugène n'aurait pas proféré le propos séditieux à lui imputé ;

Vu les articles 1 et 2 du titre 28 de l'ordonnance de 1670 ;

Attendu qu'aucuns faits justificatifs, susceptibles d'être pris en considération, et de nature à détruire le corps de délit, n'ont été articulés par lesdits accusés,

Les déboute des fins de leurs requêtes.

Statuant au fond :

En ce qui touche le nommé Bissette, le déclare dûment atteint et convaincu :

1°. D'avoir colporté, distribué clandestinement et lu à divers un libelle ayant pour titre : *De la situation des gens de couleur libres aux Antilles françaises*, ledit libelle tendant à provoquer au mépris des lois, à renverser la législation établie par S. M. ou ses représentans dans les colonies, à exciter la haine contre les magistrats, à incriminer la classe entière des blancs, à soulever contre elle la population des gens de couleur, et dont l'apparition, au moment où l'autorité était avertie qu'une conspiration s'ourdissait dans l'ombre, a jeté l'alarme dans la colonie, et nécessité, de la part du gouvernement, des mesures de haute police.

2°. D'avoir formé et composé un dépôt de plusieurs *Mémoires* et *Écrits* contenant des diatribes contre les colons, et des calomnies atroces contre les tribunaux, l'un desquels *Écrits* porte une analogie si frappante avec le libelle, objet de la plainte, que celui-ci en serait la fidèle analyse ; circonstance qui ferait véhémentement soupçonner ledit accusé d'avoir eu une part active à la composition du libelle.

En ce qui touche Fabien fils,

Le déclare dûment atteint et convaincu d'avoir, au mois de juin dernier, ouvert une lettre adressée au ministère public, par le commissaire commandant du Vauclin, et d'en avoir tiré une copie qu'il aurait déposée chez Bissette ; d'avoir pris communication du libelle chez ledit Bissette ; d'avoir remis à celui-ci un manuscrit contenant des expressions outrageantes contre les magistrats de cette colonie, et dont l'écriture est de Samirai et de celle de sa femme, d'où résulterait la preuve d'une participation évidente aux manœuvres criminelles de Bissette ; d'avoir, en outre, le 21 du mois de décembre dernier, essayé de suborner deux témoins, qui devaient être entendus au procès.

En ce qui touche le nommé Volny, le déclare dûment atteint et convaincu d'avoir remis à Bissette un écrit de sa main, avec cette épigraphe, *Salus populi suprema lex esto*, composé dans le but d'exciter des levains de haine, rempli de calomnies contre les tribunaux, d'attaques contre la législation établie, et infecté d'ailleurs des mêmes principes subversifs que ceux ci-dessus signalés, d'avoir reçu de Bissette le libelle incriminé en communication, d'avoir enfin participé à ses coupables projets.

En ce qui touche les nommés Eugène Delfille, Bellisle-Duranto, Joseph Frapart, et Joseph Démil, dit *Zonzon*, les déclare dûment atteints et convaincus d'avoir approuvé et signé plusieurs documens et pièces trouvés chez Bissette, dans le but de leur donner de la consistance et de l'autorité parmi les gens de couleur ; d'avoir connu et encouragé toutes les manœuvres secrètes de leur classe ; et, en outre, déclare ledit Eugène véhémentement soupçonné d'avoir, le 21 décembre dernier, tenu un propos séditieux et du caractère le plus dangereux, dans le moment d'agitation où se trouvait la colonie.

Pour réparation de quoi, ordonne que les accusés Cirille-Charles-Auguste Bissette, Jean-Baptiste Volny, Louis Fabien fils, soient tirés des prisons et conduits par l'exécuteur des hautes œuvres sur la place du marché de cette ville, au pied de la potence, pour y être marqués des trois lettres G. A. L., et être ensuite envoyés dans les bagnes de la métropole pour y servir le Roi à perpétuité ;

Condamne l'accusé Eugène Delfille au bannissement à perpétuité du royaume ; les nommés Bellisle-Duranto, Joseph Démil, dit *Zonzon*, et Joseph Frapart, au bannissement à perpétuité des colonies françaises, avec injonction de garder leur ban sous de plus graves peines ;

Ordonne que le libelle intitulé : *De la Situation des gens de couleur libres aux Antilles françaises*, soit lacéré par les mains du bourreau et brûlé au pied de la potence ;

Fait défense à tous et à chacun d'avoir chez soi ledit libelle, de le colporter, distribuer ou d'en donner copie; leur enjoignant de déposer entre les mains du ministère public tous les exemplaires qui pourraient être restés en leur possession; sous peine d'y être contraints par toute voie légale, et d'être poursuivis suivant la rigueur des ordonnances;

Ordonne que le présent arrêt sera imprimé au nombre de deux cents exemplaires et affiché dans toute la colonie;

Donne acte au procureur-général du Roi, de ses réserves contre les auteurs et distributeurs du libelle;

Fait et prononcé au Fort-Royal-Martinique, en l'audience du lundi 12 janvier 1824.

N° II. *A S. G. Monseigneur le Garde-des-Sceaux.*

(Enregistré au secrétariat général, n. 4481.)

Paris, 10 mai 1824.

Monseigneur, j'ai l'honneur d'adresser à V. G., 1° une requête en cassation, présentée par les sieurs Bissette, Fabien fils et Volny (1), contre un arrêt de la Cour royale de la Martinique, du 12 janvier 1824. La dite requête est datée, en rade de Brest du 20 avril 1824, où les exposans sont détenus à bord de la gabarre du Roi, le *Tarn*. Ladite pièce tenant lieu de pourvoi sur le refus fait par le greffier et le procureur général de recevoir ces déclarations dans la forme accoutumée.

2°, Un imprimé dudit arrêt.

Observant que toutes les pièces de la procédure ont été demandées à S. E. le ministre de la marine et des Colonies, pour mettre la Cour de cassation à portée de statuer.

Mais en attendant, vu l'urgence et la crainte d'une exécution de la condamnation, j'ai l'honneur de supplier V. E. de vouloir bien transmettre les deux pièces ci-jointes à la Cour de cassation, dans le délai de vingt-quatre heures, conformément à l'article 424 du Code d'instruction criminelle, et de m'accuser réception de la présente pour ma décharge.

De Votre Grandeur, etc.

Isambert, avocat à la Cour de cassation.

N° III. *Au même.*

(Enregistré sous le n. 4481.)

Paris, 12 mai 1824.

Monseigneur, en transmettant à Votre Grandeur, dans l'intérêt des sieurs Volny, Fabien fils et Bissette, une requête en

_____

(1) Elle est signée d'eux.

cassation, et un imprimé de l'arrêt qui les condamna : j'ai omis de répondre à deux objections qui pouvaient être présentées.

La première, est celle de savoir s'il y a eu déclaration de pourvoi, en vertu de laquelle la Cour de cassation puisse être saisie ; et la seconde, si ce pourvoi était recevable, dans l'état actuel de la législation coloniale.

Pour répondre à ces deux objections, il suffit d'invoquer un précédent dans une espèce identique.

Le sieur Bascher de Boisgely, ancien procureur du Roi à la Pointe-à-Pitre, Guadeloupe, ayant été condamné par arrêt de la Cour d'appel de cette colonie, le 5 mars 1811, à la peine de la dégradation, comme concussionnaire, et ce dans les formes prescrites par l'ordonnance criminelle de 1670, se présenta devant la Cour de cassation, et sans avoir justifié d'aucun acte de pourvoi, rédigé dans la forme actuelle, il obtint, le 27 octobre 1814, au rapport de M. Audier Massillon, sur les conclusions de M. le procureur-général, un arrêt qui a ordonné l'apport des pièces, notamment de l'arrêt de condamnation.

Un second arrêt d'apport de pièces, a été rendu le 10 décembre 1818.

Il est bien évident, en effet, que le condamné ne peut être privé du bénéfice de son recours, par le refus que ferait le greffier, de dresser acte de son pourvoi, et le procureur-général d'envoyer les pièces.

Le mode actuel de transmission des pièces, par le ministère de la justice, n'est qu'une forme qui ne touche point au fond du droit ; elle a été introduite par le désir bien légitime qu'a le ministère, de connaître toutes les condamnations criminelles et les recours y relatifs, d'autant plus, que seul il est chargé de l'instruction des demandes en grâce.

Ce mode a été introduit également pour faciliter aux parties le transport de leurs pièces ; la preuve qu'il est tel, c'est qu'en toute affaire, elles sont admises à les remettre directement, et à suppléer ainsi à la négligence ou à l'ignorance des magistrats du ministère public, sur une forme d'instruction qui ne leur est pas habituelle ; le ministère a même le soin aujourd'hui d'accuser réception aux parties de ces pièces.

Il ne peut donc s'élever aucun doute sur la transmission des pièces dont il s'agit. Au reste, s'il s'élevait quelque difficulté, elle serait levée par la Cour de cassation elle-même, qui a tout pouvoir sur les recours adressés à sa haute juridiction.

Pourquoi, j'ai l'honneur de supplier Votre Grandeur, d'avoir la bonté de transmettre les pièces déjà déposées, à M. le procureur-général près la Cour de cassation.

De Votre Grandeur, etc. ISAMBERT, Avocat aux Conseils.

IMPRIMERIE DE J. TASTU,
RUE DE VAUGIRARD, N. 36.

151. Elizé Marian, pêcheur, id.
152. Victor Marian, id.
153. Titir, id.
154. Martin, id.
155. Léandre Préville, marin, id.
156. Timothée Rafin, maçon, habitation, vivrier et esclaves, id.
157. Joseph Desroses, charpentier et mécanicien, caféyère et esclaves, invité de sortir de la colonie.

MARIGO.

158. Mathieu Denis, charpentier de marine, caféyère et esclaves, en prison.

LAMENTIN.

159. Prudent, habitant, caféyère et esclaves, déporté pour la Guiane.
160. Frédéric, menuisier, maison et esclaves.
161. Damas, charpentier, id.
162. Elord Saint-Jean, marchand, maison et esclaves, déporté pour les colonies étrangères.
163. Branchet, id.
164. Jean-Baptiste Dufresne, habitant, caféyère et esclaves, en prison.
165. Julien Edmond, id.
166. Louis Rivecourt, charpentier mécanicien, caféyère et esclaves, déporté pour les colonies étrangères.
167. Jean-Baptiste, maison et esclaves, mort en prison.

CARBET.

168. Procope père, maison, pêcherie et esclaves, déporté pour les colonies étrangères.
169. Procope Zénon, id.
170. Procope Pierre, id.
171. Louis-Charles Édouard, sucrerie, maison et esclaves, id.
172. Rosemond, maison et esclaves, id.
173. Marc fils, habitant, caféyère, maison et esclaves, id.
174. Rose Lallemand, marchand, déporté pour les colonies étrangères.
175. Louis Édouard, maison et esclaves, id.
176. Nelson, commis, id.
177. Titain, pêcheur, id.

PRÊCHEUR.

178. François Roch, id.
179. G. Bernard, tailleur, id.
180. Saint-Roch, habitant, caféyère et esclaves.

MARIN.

181. Suffrein, habitant, caféyère, maison et esclaves, en prison.

182. Surein, maison et esclaves, id.
183. Surein Rémy, id.
184. Sainte-Croix, marin, id.

VAUCLAIN.

185. Éloi Hilaire, habitant, sucrerie et esclaves.
186. Baillard, id., caféyère et esclaves, déporté pour les colonies étrangères.
187. Jean-Louis Bainquat, id., en prison.
188. Henri Thur, marchand, maison et esclaves, id.
189. Mont-Louis Baguian, habitant, caféyère et esclaves, id.
190. Charlery Baguian, marchand, caféyère et esclaves, id.
191. Victor Rochepointe, maison et esclaves, id.
192. Constantin, tailleur, id.

RIVIÈRE SALÉE.

193. Sully, charpentier, maison et esclaves, id.
194. Anatole, maison, habitation, vivrier et esclaves, id.
195. Elisée Dupuis, habitant, habitation, caféyère et esclaves, id.
196. Édouard Bouteiller, charpentier, maison, id.
197. Louis Chout, marchand, id.
198. Landry, orfèvre, maison et esclaves, id.
199. Chout, habitant, habitation, vivrier et esclaves, id.
200. Pierre Bélisaire, menuisier, id.
201. Cheney, maison et esclaves, id.

SAINT-ESPRIT.

202. Saint-Hilaire, cordonnier, en prison.
202. bis. Edouard Jerstine, habitant, habitation, vivrier, id.
203. C. Pinau, id., caféyère et esclaves, id.
204. Eustache Lamotte, tailleur, habitation, vivrier, id.
205. Félix Théodore, habitant, caféyère et esclaves, id.
206. Justine-Marthe Rose, marchande, habitation, vivrier, id.
207. Marthe Justine, id.

TROIS ISLETS.

208. L. Toussaint, habitant, caféyère et esclaves, id.
209. Pans, id.
210. Toussaint père, habitant, caféyère et esclaves, id.
211. Maudésir, cordonnier, maison, id.
212. Mantout, charpentier, maison, id.

ANSES D'ARLET.

213. Caliste Percin, habitant, caféyère et esclaves, id.
214. Coco, marchand, id.

RIVIÈRE PILOTE.

215. Cheramy, habitant, caféyère et esclaves, id.
216. Capitaine, id.
217. Jean Caraylee, id., habitation, vivrier, id.

CASE PILOTE.

218. François, charpentier, esclaves, id.

219. Joseph, pêcherie et esclaves, id.

Nota. Il nous a été impossible de nous procurer les noms de toutes les personnes frappées de cette proscription. On ignore combien d'autres ont été arrêtées depuis le 15 mars.

Les quarante-un déportés pour France ont cinquante-sept enfans.

No XVIII. — *Lettre de S. A. R. le duc de Glocester au défenseur des déportés.*

Glocester-House, 4 août 1824.

Monsieur Stephens a reçu les ordres de S. A. R. M. le duc de Glocester de remercier M. Isambert, de ce qu'il a bien voulu envoyer à S. A. R. la brochure intitulée : « *Mémoire pour les* « *déportés de la Martinique,* » et de lui témoigner combien S. A. R. est sensible à son attention, et admire le zèle qu'il a déployé, et les sentimens que M. Isambert a si bien exprimés dans une cause si importante pour le genre humain.

No XIX. — *Lettre de S. A. R. le duc d'Angoulême, au même.*

Paris, 6 septembre 1824.

Monseigneur, duc d'Angoulême, a pris connaissance de la lettre que vous lui avez adressée, et à laquelle se trouvaient joints deux exemplaires de votre mémoire, sur l'affaire des déportés de Martinique.

S. A. R. me charge de vous faire connaître que, bien qu'elle ne se mêle de rien depuis long-temps, elle avait cependant, il y a plus de deux mois, parlé avec intérêt à M. de Clermont-Tonnerre, alors ministre de la marine, des malheureux déportés dont vous avez plaidé la cause, le prince, Monsieur, a fait en leur faveur tout ce qu'il était en son pouvoir de faire, et j'ai reçu l'ordre de vous le dire, et de vous remercier, de la part de S. A. R., de l'hommage que vous lui avez fait de vos éloquentes plaidoiries.

Le chef de bataillon, D'ACHER, *secrétaire de S. A. R.*

No XX. — *Lettre du Substitut du Procureur du roi de Brest, à Me Testard, avoué.*

Brest, 19 mars 1824.

Monsieur, j'ai pris des informations relativement aux individus

---

(1) Nous sommes informés que, dans la décision secrète du 27 décembre 1823, on suppose faussement que M. Germain Saint-Aude, père, s'est évadé, et que l'on craint qu'il n'incendie la colonie.

pour lesquels vous m'avez parlé ce matin. Ces informations ne m'ont rien appris jusqu'à ce moment-ci, et ils n'ont point été mis à ma disposition, ni même à celle des autorités civiles. Vous sentez vous-même que je ne puis donner ordre au commandant du *Tarn*, de mettre en liberté des individus qu'il ne peut avoir embarqués que par ordre supérieur, et à l'égard desquels il se conformera sans doute aux instructions qu'il a reçues. Quant à la cause de leur détention, personne ne doit mieux la connaître que ce commandant. Vos cliens peuvent donc s'adresser à lui ou aux autorités supérieures de la marine à Brest.

Je vous prie, de transmettre cette réponse aux intéressés, et de recevoir vous-même l'assurance de ma parfaite considération.

FRAIN.

Nº XXI. — *Certificat du sous-préfet de Brest.*

Brest, 3 juin 1824,

Le sous-préfet de l'arrondissement de Brest, chevalier de l'ordre royal et militaire de Saint-Louis et de l'ordre royal de la Légion-d'Honneur, déclare qu'en vertu de la dépêche de S. Exc. le ministre de la marine, en date du 29 avril dernier, il n'est point autorisé à faire délivrer des passe-ports pour sortir de Brest, à MM. Millet, Joseph, Mont-Louis Thébia, Joseph, dit Jos-Eriché, et Hilaire Laborde, tous quatre passagers sur la corvette du roi *Le Tarn*, venant de la Martinique, et débarqués à Brest le 19 mai dernier.

Signé LUNNEZ.

Nº XXII. — *Lettre du commandant de la marine, le comte de Maurville, à M. Mesnard, avocat.*

Rochefort, 15 juin 1824.

Monsieur, répondant à la lettre que vous m'avez adressée le 14 de ce mois, en faveur de trente-sept colons de la Martinique, détenus à bord du *Stationnaire*, je vous prierai d'observer que le ministre de la marine, en envoyant ces détenus à l'île d'Aix, m'a tracé ce que je devais faire relativement à leur séjour à bord de ce bâtiment et à leur destination ultérieure, et qu'il ne m'appartient pas de changer ces dispositions. Toutefois j'ai prescrit au capitaine du *Stationnaire* d'envoyer à l'hôpital, où ils seraient mis à la salle des consignes, ceux de ces malheureux qui seraient reconnus par le chirurgien du bâtiment avoir besoin d'y entrer. C'est, Monsieur, à mon grand regret, tout ce qu'il m'est possible de faire pour Hippolyte Zenne, ainsi que cela a déjà eu lieu pour le nommé Nouillé qui est malade.

Je suis fâché, Monsieur, d'après l'intérêt que vous prenez à ces hommes et dans celui de l'humanité, de ne pouvoir mieux faire pour ces prisonniers, mais par ce qui précède, vous jugerez facilement que cela m'est impossible.

N° XXIII. — *Plainte adressée à la chambre des Pairs, pour les déportés de la Martinique, contre M. le général Donzelot, gouverneur général et administrateur de la colonie.*

2 juillet 1824.

Nobles Pairs,

Un grand attentat contre la liberté des personnes a été commis dans l'une de nos colonies. Plus de deux cents déportations, *sans jugement*, ont eu lieu par l'ordre du gouverneur de la Martinique ; près de quinze cents expatriations en ont été la suite. Parmi les déportés, quarante-trois ont été dirigés sur la France : deux sont morts pendant la traversée. Les quarante-un qui restent se présentent devant la noble cour, et réclament sa haute protection contre l'exécution forcée qui est donnée à une mesure illégale de sa nature.

Tant qu'ils ont espéré justice par les voies régulières, et en empruntant le langage des supplians, ils ont négligé d'exercer une action criminelle contre l'administrateur qui livrait leurs personnes au pouvoir arbitraire.

Ils allaient même jusqu'à l'excuser sur ses intentions, et jusqu'à supposer qu'il plaidait leur cause devant le trône du monarque.

Mais, puisque justice n'est pas faite, puisqu'on se repent d'avoir amené les déportés en France, ils n'auront pas touché en vain cette terre de liberté, ils ne s'en laisseront pas arracher volontairement, et ils prouveront qu'ils sont encore ses enfans, en réclamant hautement la protection de ses lois.

Aucun d'eux n'a été jugé ; aucun n'est donc coupable. Si personne n'est coupable, comment qualifier la déportation autrement que d'un attentat contre la liberté des personnes et contre la sûreté de la colonie ; disons plus, contre la sûreté de l'État ?

L'acte dont ils se plaignent est si effrayant par lui-même, on est tellement dans l'opinion qu'il n'existe plus de justice à la Martinique pour les Français de couleur, que ceux à la liberté desquels on n'a pas attenté, se sont hâtés de quitter cette terre malheureuse, préférant abandonner leurs propriétés et tous les liens qui attachent l'homme à son pays natal, pour conserver le dernier bien, la liberté.

Les arrestations ont commencé le 23 décembre 1823, à trois heures du matin, sur la personne des supplians, Joseph Nullot, Mont-Louis Thébia, Joseph Millet, Zacharie Armand, Hilaire Laborde, Germain Saint-Aude, Dufond, Etienne Paschal, Angel-Joseph-Berne Verdet, Monganier et Edouard Nouillé. Elles ont continué jusqu'au 15 mars 1824, date de leur embarquement pour la France.

On a refusé de leur donner communication de l'ordre de déportation. Cette injustice n'avait pas lieu, même sous le régime des lettres de cachet. Arrivés en France en rade de Brest, à la fin d'avril, quatre d'entre eux ont reçu la permission de débarquer le 19 mai ; mais il résulte de la lettre ci-jointe, du sous-préfet de Brest, sous la date du 3 juin 1824, qu'ils sont détenus, puisqu'on leur refuse des passe-ports. Germain Saint-Aude et ses autres compagnons d'infortune ont été transportés en rade de l'île d'Aix ; deux seulement ont obtenu d'entrer

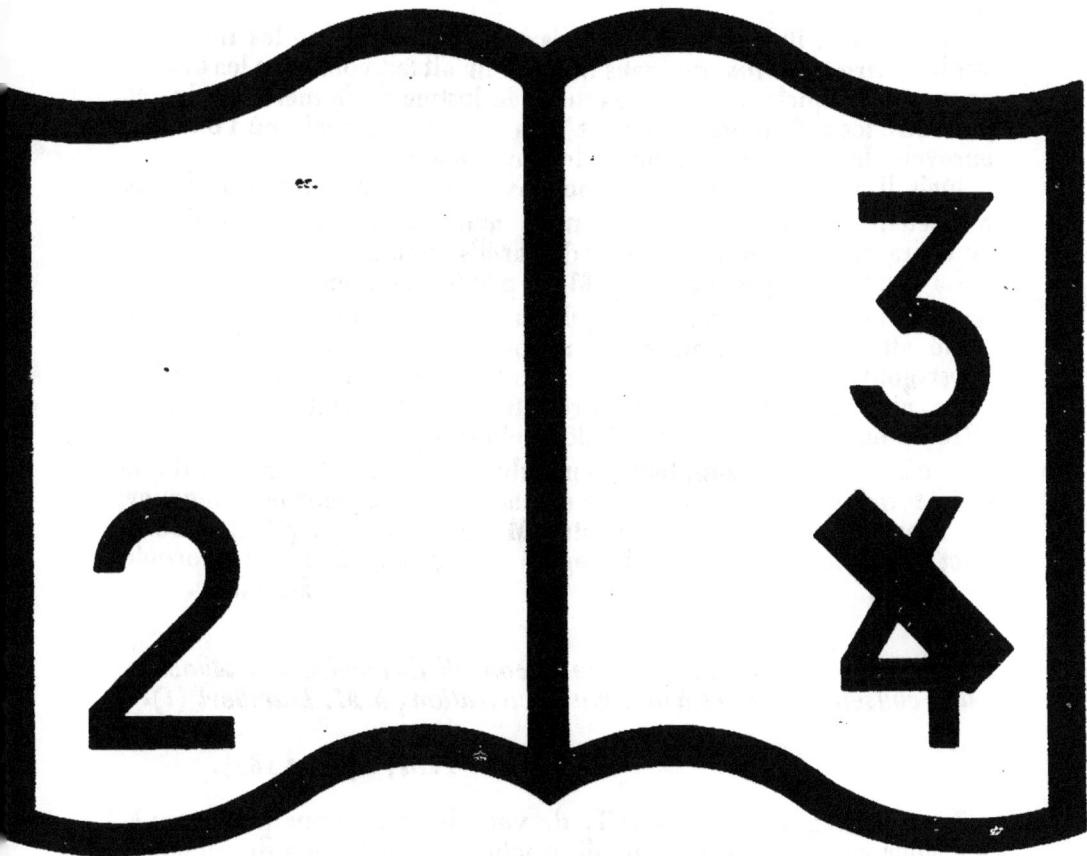

Pagination incorrecte — date incorrecte

NF Z 43-120-12

à l'hospice pour y être soignés dans leur maladie ; mais tous sont détenus, ainsi qu'il résulte de la lettre ci-jointe, sous la date du 15 juin, de M. le comte de Maurville, commandant de la marine, à Rochefort.

Le 24 juin, ils ont été embarqués de nouveau, même les malades, sur le navire le *Chameau*, sans qu'on leur ait fait connaître les ordres en vertu desquels on les arrache à la justice de la mère-patrie, et peut-être les infortunés naviguent déjà vers le Sénégal, où l'on veut ensevelir leurs plaintes et celles de leurs enfans.

Mais il n'en peut être ainsi : nous avons un roi ami de la justice et protecteur de tous ses sujets, nous avons une pairie investie de pouvoirs suffisans pour réprimer de pareils attentats.

La compétence, à l'égard de M. le général Donzelot, premier auteur de tous ces maux, résulte de la nature même de l'attentat ; il a porté atteinte à la sûreté de l'État, et à la qualité du fonctionnaire, il est gouverneur de colonie, et à ce titre, justiciable de la cour des Pairs, ainsi que cela résulte de la résolution de la Chambre, du 8 mars 1816, interprétative de l'art. 33 de la charte.

A ces causes, les supplians demandent à la noble Cour acte de la plainte qu'ils déposent entre les mains de monseigneur le chancelier de France, son président, contre M. le gouverneur général Donzelot, pour le attentats dont il s'agit, requérant qu'il en soit informé.

ISAMBERT.

Nº XXIV. — *Lettre du secrétaire du conseil de l'ordre des Avocats aux conseils du roi et à la Cour de cassation, à M. Isambert* (1).

Paris, 3 juillet 1824.

Je suis chargé, par le conseil, de vous inviter à vous présenter à sa séance extraordinaire de lundi prochain, trois heures de relevée, pour vous expliquer sur l'insertion dans les journaux de votre lettre au président du conseil des ministres. *Signé* BUCHOT.

Nº XXV. *Extrait de la décision du Conseil de Discipline de l'ordre des Avocats.*

5 août 1824. — (Lue le 12, notifiée le 1er septembre.)

LE CONSEIL après avoir entendu Mᵉ *Billout* en son rapport ; Mᵉ *Mayle*, syndic, en ses réquisitoires, et M. *Isambert* dans ses défenses verbales et écrites, aux séances des 3, 5, 8, 15 et 22 juillet, et après en avoir délibéré à sa séance du 29 du même mois, et à celle de ce jour ;

Attendu qu'il est reconnu par M. *Isambert*, que c'est lui qui a fait insérer dans les numéros du *Courrier*, du *Constitutionnel* et du *Jour-*

_____

(1) C'est le jour même de l'insertion de la lettre à M. de Villèle dans les journaux.

nal des débats des 2 et 3 juillet, les deux lettres à LL. EE. le ministre
de la marine et le président du conseil des ministres, en date des 28
et 30 juin précédent, relatives à la déportation de divers habitans
de la Martinique ;

Attendu qu'autant l'avocat doit pour la défense qui lui est confiée
se mettre au-dessus de toutes craintes ou considérations personnelles,
autant il importe dans l'intérêt même de son client, comme dans
celui de l'ordre dont il est membre, qu'il ne s'écarte jamais des
règles que lui prescrivent les convenances et la dignité de sa profession (1);

Attendu qu'il y manquerait essentiellement, si, au lieu de faire
imprimer ses écrits dans la forme usitée au barreau et sous la garantie de son titre (2), il les publiait directement par la voie des
journaux ; qu'en effet, outre l'inconvénient de les signaler par son
propre fait, à l'attention publique (3) et de travestir une discussion
juridique en une polémique quotidienne, il s'exposerait pour les
incriminations dont l'écrit en lui-même serait susceptible à des poursuites correctionnelles (4), abdiquant ainsi l'avantage de la jurisdiction spéciale à laquelle il appartient d'apprécier les actes de
son ministère, et qui n'est pas seulement pour lui un honorable
privilège, mais une égide nécessaire à son indépendance. (5)

Attendu qu'en admettant qu'un pareil écrit pût être excusé s'il ne
fallait attribuer qu'à l'excès d'un zèle louable dans son principe et
à la conviction qu'il y avait utilité de recourir à ce mode extraordinaire de publication, cette excuse ne se présente point en faveur de

(1) La publicité est le droit de celui qui est frappé par une mesure qu'on
tient secrète, et dont on soustrait la connaissance aux tribunaux. M. Isambert a dû faire pour ses cliens absens, ce qu'ils eussent fait eux-mêmes.

(2) Il a signé sous son titre d'Avocat aux Conseils du roi; il n'y avait
pas d'autre moyen de publicité efficace.

(3) M. Isambert n'avait d'autre moyen de défense contre le silence des
ministres; c'est à cette publication qu'il doit d'avoir arraché au marquis de
Clermont-Tonnerre la lettre du 2 juillet, antidatée du 30 juin, promettant
un examen qui n'a pas eu lieu.

(4) Oui, s'il ne signait pas en sa qualité ; qu'importe d'ailleurs l'intérêt
de l'avocat si celui du client exige impérieusement ce sacrifice? Le chancelier d'Aguesseau a dit en parlant de l'indépendance des avocats : « Ne soyez
» pas moins éloignés de la basse timidité d'un silence pernicieux à vos par-
» ties, que de la licence aveugle d'une satire criminelle; que votre caractère
» soit celui d'une généreuse et sage liberté ; que les faibles et les malheureux
» trouvent dans votre voix un asyle assuré contre l'oppression et la violence;
» et dans ces *occasions dangereuses* où la fortune veut éprouver ses forces
» contre votre vertu, montrez-lui que vous êtes affranchi de son pouvoir
» et supérieur à sa domination. »

(5) M. Jacquinot-Pampelune, procureur du roi, a-t-il dérogé à son ministère en faisant insérer, dans tous les journaux, son réquisitoire contre le
cardinal-archevêque de Toulouse? Les deux magistrats de la Martinique
qui ont été accusés d'avoir diffamé les déportés dans des articles de
journaux, en ont-ils moins joui du privilège de juridiction? Qu'importe la
forme matérielle de la publication, si la publicité est permise?

M. Isambert ; qu'il est au contraire démontré soit par l'ensemble de sa conduite antérieure (1) , soit par les circonstances particulières de la publication pour laquelle il est maintenant traduit devant le conseil, qu'il a bien moins été dirigé par l'intérêt de ses cliens, que par des motifs personnels (2) , et qui sont loin de le justifier.

(Suivent trois considérans desquels il résulte que le nom de M. *Isambert* paraît trop souvent dans les journaux, sans qu'on cite aucun fait particulier).

Attendu en ce qui concerne les circonstances particulières de la publication des deux lettres dont il s'agit, que selon M. Isambert, cette publication aurait eu pour objet de provoquer une réponse à sa réclamation près de M. le ministre de la marine, mais qu'il est à remarquer que la réponse attendue par M. Isambert, et qui bien que portant la date du 30 juin, ne lui est, dit-il (3) , parvenue que le 2 juillet, se trouvait dans ses mains lorsqu'a paru sa lettre à M. le président du conseil des ministres, à la suite de laquelle M. *Isambert* l'a même fait insérer : en sorte que de son aveu (4) , la publication de cette lettre à M. le président du conseil, devenait dès lors inutile au but allégué par M. Isambert, et qu'on n'y trouve plus d'autre motif que ce système qu'il paraît avoir conçu dans son intérêt particulier et qu'il s'obstine à suivre malgré les injonctions qui lui ont été faites d'y renoncer. (5)

(1) Le jurisconsulte *Bentham*, en son traité des preuves judiciaires, prétend que c'est un dangereux sophisme de chercher les raisons de décider dans la conduite antérieure ; la Cour de cassation, dans un arrêt relatif à M. *Forbin-Janson* a dit qu'une excursion de cette nature pouvait donner l'eu à une prise à partie contre une cour royale ; ici l'excursion est d'autant plus irrégulière qu'on ne cite aucun fait particulier ; conséquemment il faut s'en rapporter à l'opinion personnelle de la majorité de huit avocats, membres du Conseil

(2) Apparemment par le désir de faire confisquer son office par *ordonnance*. L'ordonnance avait été rédigée ; mais on n'osa pas la présenter à la signature du roi. Les membres du conseil ont ignoré cette circonstance. Si M. Isambert n'avait voulu que faire parler de lui, pourquoi signer ses lettres ? Les journaux n'auraient pas moins parlé ; c'était donc gratuitement s'exposer à la colère ministérielle ?

(3) Il ne s'est pas contenté de le dire, quoique son affirmation dût suffire sur ce point. Il a rapporté au conseil l'enveloppe de la lettre, timbrée de la poste du 2 juillet, levée de 5 heures du soir. Il est heureux que M. le ministre de la marine ne l'ait pas envoyée par estafette.

(4) Gardons-nous des juges qui supposent des aveux, pour donner plus de force à leur opinion. Il n'est pas vrai que M. Isambert ait fait aucun aveu de ce genre. Que demandait-il ? un ordre de *sursis* par le télégraphe, pour le navire qui, dans la rade d'Aix, attendait des vents favorables pour faire voile au Sénégal ? Que lui promettait la lettre dite du 30 juin ? un *examen* ; le but n'était donc pas atteint ; on avait droit d'attendre du président du conseil une autre mesure.

(5) Puisqu'il s'agit ici de conjectures, M. Isambert ne pourrait-il pas conjecturer à son tour que le conseil de l'ordre a voulu ne pas déplaire aux

Attendu enfin que M. Isambert a déjà appelé (1) plusieurs fois sur lui des peines de discipline. — Qu'il a notamment été censuré le 12 mars dernier, à raison d'une publication étrangère à son ministère d'avocat aux conseils du roi et à la cour de cassation (2) et précédé de menaces qui donnaient au fait une extrême gravité, (3) que le conseil touché alors des regrets qu'il exprima et de ses protestations d'être plus circonspect à l'avenir, s'abstint d'ordonner la communication de sa décision aux membres de l'ordre; mais que la *récidive* (4) de M. Isambert ne permet plus d'user, à son égard de la même indulgence, et que s'il paraît difficile de le ramener à l'observation des règles de sa profession, il faut du moins empêcher que son exemple ne soit imité. (5)

---

ministres, dont l'un, M. le président du conseil, a témoigné à son déjeuner la surprise que lui causait la publication du trois juillet; et dont l'autre, M. le garde des sceaux, a mandé le président de l'ordre des avocats pour provoquer des mesures de discipline? Ces deux faits sont à la connaissance de tous.

(1) Remarquez ce mot; cela ne veut pas dire qu'il les ait encourues toutes; en 1819, sur la plainte de M. le comte de *Breteuil*, préfet d'Eure-et-Loir, il a été censuré parcequ'il avait annoncé la destitution de ce préfet, et parce que, dans un mémoire imprimé, on lui reprochait d'avoir laissé subsister un reproche *indirect* de corruption. Dénoncé trois fois par M. le comte de Peyronnet, garde des sceaux : 1° pour l'annonce d'un refus de passe-port au fils du général Berton; 2° pour l'affaire des avoués de Tarascon; 3° pour un recours en grâce, signé au nom de Constant Chantple, imprimeur, menacé de perdre son brevet, il a été acquitté.

(2) Comme l'affaire des déportés de la Martinique; c'était un mémoire intitulé : *Contre un faux marquis*, publié sur un procès pendant au tribunal correctionnel de Marseille.

(3) M. Isambert menaçait le faux marquis de la publicité du mémoire; cela peut être très grave pour ceux qui la redoutent. Le faux marquis s'est montré moins susceptible que le conseil; il n'a adressé aucune plainte au conseil de discipline ni aux tribunaux. M. Chauveau-Lagarde, président de ce conseil a écrit au barreau de Marseille et aux avocats du faux marquis pour chercher un plaignant; ils ont écrit qu'ils n'acceptaient pas ce rôle, et il sont assuré par écrit M. Isambert de leur haute estime.

(4) Il est vrai que M. Isambert promit alors de ne plus user de la même publicité, vu que la *publicité* ne s'accommode pas avec les règles de l'ordre; mais il a cru qu'il pouvait manquer à cette promesse encore cette fois, en faveur des déportés de la Martinique; mais son cas est devenu plus grave; au lieu d'être *censuré* comme la première fois, il a été réprimandé, et peu s'en faut interdit.

Mais ne semble-t-il pas que pour cette publication, il devait faire et qu'il ait fait en effet amende honorable? la vérité est qu'il n'exprima aucun regret de nature à toucher les membres de l'ordre; les registres n'en disent pas un mot.

Si le conseil s'abstint de notifier sa décision aux membres de l'ordre, c'est que M. Isambert annonça qu'il ferait imprimer les lettres du bâtonnier de l'ordre des avocats de Marseille, et sa défense, comme il l'a fait à l'égard de tous ses collègues pour la décision du 5 août 1824, d'où l'on extrait ces notes.

(5) M. Isambert a dit et imprimé au contraire que si l'humanité et la

» Vu, 1° l'art. 21 du décret du 14 décembre 1810, ainsi conçu :
Le conseil de discipline pourra suivant l'exigence des cas avertir,
censurer, réprimander, interdire pour un temps, qui ne pourra
excéder une année ; exclure ou rayer du tableau.

2° Les art. 13 et 14 de l'ordonnance du 10 septembre 1817, portant :

Art. 13. Le conseil de discipline prononce définitivement lorsqu'il
s'agit de police et de discipline intérieure.

14. Les réglements et ordonnances actuellement existantes concer-
nant l'ordre des avocats et les fonctions du conseil de discipline, seront
observées par l'ordre des avocats à nos conseils et à la cour de
cassation, en tout ce qui n'est pas contraire à la présente ordonnance
jusqu'à la publication d'un nouveau réglement général.

ARRÊTE.

Art. 1er. M. *Isambert* est réprimandé.

2. Le présent arrêté lui sera lu en séance du conseil, par le président.

3. Le secrétaire en adressera une copie imprimée à chacun des
membres de l'ordre. (1)

---

justice avaient encore à gémir d'actes semblables à ceux qui ont frappé les
déportés, il espérait que sa conduite trouverait des imitateurs, même parmi
ceux qui, par déférence peut-être pour les ministres, se croyaient obligés de
blâmer l'appel à la publicité. C'est le cas de dire : *J'ai fait mon devoir,
advienne que pourra.*

M. Isambert tient de la bouche de M. Lainé, ministre d'état, que c'est
cette publicité qui a éclairé le roi, le dauphin et le ministère lui-même sur
les graves abus du système colonial, et qui a provoqué les mesures délibérées
pour y remédier à l'avenir.

Lors de la publication de la pétition aux deux chambres, M. Isambert
éprouva une nouvelle censure de la part de plusieurs de ses collègues, membres du conseil de discipline, disant qu'il n'avait pu agir comme mandataire
des déportés, parce qu'un mandat de cette nature est *incompatible* avec la
dignité de la profession d'avocat, et parce que les avocats aux conseils n'ont
pas qualité pour pétitionner devant les chambres,

M. Isambert convient que dans cette circonstance il s'est encore écarté
des règles ordinaires du barreau ; il s'est excusé en disant que le cas était
extraordinaire.

Ces plaintes n'eurent pas de suite ; la chambre des pairs, dans la séance
du 20 janvier ayant accueilli la pétition et n'ayant pas trouvé mauvais
qu'un avocat qui fait vœu de défendre des malheureux en appelle aux
pouvoirs les plus élevés dans l'État, du silence jusqu'alors gardé par les
ministres.

(1) M. Isambert le notifie au monde entier, en observant que le sentiment de malveillance qui s'est glissé dans cet arrêté est entièrement dû aux
circonstances d'alors, et à la position du conseil d'une corporation vis-à-vis
du ministère. Il était commandé par le désir de sauver M. Isambert de
l'acte de juridiction que M. le garde des sceaux se proposait d'exercer sur
le défenseur des déportés. On peut juger par les discours tenus à la chambre
des pairs par ce ministre, du prix qu'il attachait à étouffer toute publicité.

N° XXVI. — *Demande* (1) *au Conseil-d'état, afin de mise en jugement du Sous-Préfet de Brest et du Commandant du navire le Chameau.*

2 juillet 1824.

Quarante-un négocians, propriétaires et artisans de la Martinique, dont le sort est commun à cet égard, avec deux cens vingt autres hommes de couleur libres, de cette colonie, ont été, le 15 mars dernier, et jours précédens, enlevés à leurs affaires, à leurs femmes et à leurs enfans, déportés, sans jugement, à bord du navire le *Tarn*, et conduits à Brest le 19 mai dernier.

Les quatre premiers d'entre les supplians ayant obtenu d'être descendus à terre, se sont présentés le 21 mai au greffe du tribunal pour y protester contre cette mesure illégale. — Ils ont demandé des passe-ports pour Paris, se considérant comme libres. Ces passe-ports leur ont été refusés le 3 juin par M. le sous-préfet de Brest, et depuis ce moment ils y sont restés en état de surveillance forcée de la haute police.

Les trente-sept autres ont été conduits à Rochefort; à peine si quelques-uns d'entre eux ont obtenu, pour cause de maladie, la permission de débarquer et d'entrer à l'hôpital. — Leur état de détention est également constaté.

Le 12 mai dernier, ils ont adressé à S. Exc. le ministre de la marine et des colonies une requête tendant au sursis à l'exécution de l'ordre de déportation ultérieure dont ils se croyaient menacés. Ils ont dès lors soutenu que la déportation dont ils sont victimes n'était point autorisée par les lois de la Martinique, et qu'il n'existait d'ailleurs aucun motif pour les frapper de suspicion. — Ils annonçaient à cet égard un mémoire justificatif qui a été produit à S. Exc. le ministre de la marine, le 29 juin.

Le 19 mai, ils ont adressé à S. Exc. monseigneur le président du conseil des ministres une nouvelle supplique tendant à être mis en jugement s'ils sont coupables, si non à être rendus à la liberté. — En même temps, leur défenseur suppliait S. Exc. de mettre sous les yeux de Votre Majesté cette requête, et il insistait sur le sursis, les pièces n'étant point encore arrivées.

Le 31 mai, leur défenseur, en rappelant l'assurance donnée dans les bureaux du ministère de la marine, que le sursis avait été accordé, demandait à être rassuré sur les bruits du départ forcé des supplians pour le Sénégal. — Il demandait pour les détenus de Rochefort la permission de débarquer, et pour ceux de Brest, la permission de se rendre à Paris à cause des affaires très-importantes de commerce (2) qu'ils ont à y traiter. — Il rappelait que cette demande ne pouvait

---

On publie ces détails pour l'instruction des jeunes avocats qui ne doivent pas se rebuter des obstacles que dans les circonstances graves ils peuvent rencontrer autour d'eux pour accomplir leurs devoirs. L'opinion publique leur tient compte de tout.

(1) Il n'a pas été statué sur cette demande.

(2) Voyez le Mémoire au conseil des ministres.

éprouver de difficulté sérieuse, puisque d'après les lois de la métropole, nul ne peut être retenu sous la surveillance de la haute police
sans jugement.

Le 26 juin, il a été produit au ministère de la marine un mémoire,
dans lequel il est démontré que les déportations sans jugemens, ne
sont point autorisées par les lois enregistrées dans les tribunaux de la
Martinique, sur-tout depuis l'ordonnance du 21 décembre 1824 qui a
replacé cette colonie sous la protection de ses anciennes lois.

Dans le mémoire du 29 juin, adressé à V. M. et à son conseil des
ministres, il a été prouvé que le seul reproche qu'on pût adresser à
quelques hommes de couleur était l'introduction, dans la colonie,
d'une brochure qui circule librement à Paris, et pour laquelle on a
rempli toutes les formalités légales. — Au surplus, ces hommes ont
été traduits devant les tribunaux. — La Cour de cassation est saisie
de leur pourvoi ; il n'est pas question ici de leur défense.

Quant aux déportés, ils ne sont convaincus d'aucun crime ou délit ;
bien loin d'avoir troublé la colonie, ils sont victimes d'une persécution
atroce et de menées séditieuses et insurrectionnelles de quelques blancs
contre l'autorité suprême de V. M. et des dépositaires de sa puissance
dans la colonie. — Les hommes de couleur ont donné des preuves non
équivoques et publiques de leur fidélité à V. M. et à son gouvernement ; ils sont des sujets fidèles et dévoués ; leur seul crime est d'avoir
sollicité humblement la jouissance des droits qui leur sont garantis par
les ordonnances de Louis XIII, de Louis XIV et de Louis XVI, vos
augustes prédécesseurs, et la réalisation des promesses que V. M. a
daigné leur faire dans son ordonnance du 24 novembre 1819.

Loin d'attaquer dans ce mémoire les intentions de M. le général
Donzelot, gouverneur de la colonie, dont la mesure à leur égard n'est
que provisoire et soumise à l'approbation de Votre Majesté, ils invoquaient son propre témoignage et ils attendaient avec confiance, un
acte éclatant de la justice de Votre Majesté. — En l'obtenant, ils
auraient renoncé à la réparation légitime des pertes que leur déportation a déjà occasionées, et des angoisses de leurs familles. — Ils se
seraient efforcés d'oublier la manière cruelle et outrageante dont ils
ont été traités par les créoles au moment de leur arrestation, la mort de
plusieurs d'entre eux, la ruine de leur crédit, l'expatriation de
quinze cens de leurs compatriotes ; ils auraient eu le courage de faire
ce sacrifice au bien de la paix et au désir d'une réconciliation sincère.

Venus sur cette terre de France qui est une terre de liberté même
pour les esclaves, ils s'attendaient que leurs fers allaient tomber.

Mais voilà que tout-à-coup, sans qu'on ait daigné répondre à aucune de leur suppliques, sans qu'on leur ait notifié l'acte en vertu duquel leur personne est séquestrée au mépris des lois, ils sont arrachés
violemment à la justice de la métropole, et conduits comme des criminels au Sénégal, pour y périr dans les déserts.

Le 24 juin ils ont été embarqués, malgré leurs protestations,
malgré leurs cris de désespoir, malgré l'invocation qu'ils faisaient du
nom sacré de V. M., à bord du navire le Chameau, qui n'attend pour
appareiller vers le Sénégal, que des vens favorables.

Nous espérons encore que la providence, qui protège le malheur et
l'innocence, empêchera les vens de souffler, avant que V. M. ait pris

connaissance de l'acte irrégulier que nous sommes forcés de dénoncer aux tribunaux,

Les députés résidant à Brest sont menacés du même sort; ils ne sépareront jamais leur cause de celle de leurs compagnons d'infortune.

Il est des circonstances graves dans lesquelle les avocats institués par V. M. pour faire parvenir aux pieds du trône les justes plaintes de ses sujets, doivent s'armer de tout leur courage et compter sur leur indépendance pour revendiquer, au nom des lois et de la justice, la punition des fonctionnaires qui attentent à la liberté des personnes, ou se rendent coupables de leur séquestration. — Jamais V. M. n'aura eu une occasion plus éclatante de proscrire l'arbitraire.

Vainement on aura dissimulé l'ordre clandestin en vertu duquel les supplians sont enlevés à leurs foyers et à leurs familles. Vainement on aura refusé de leur donner copie des ordres en vertu desquels ils sont retenus prisonniers. Vainement on les aura qualifiés du titre de passagers; ce refus lui-même est un indice de l'illégalité de l'ordre; on ne se le permetta t pas sous l'empire des lettres de cachet, qui étaient toujours notifiées.

Nous n'avons besoin que d'un fait. Est-ce volontairement que les uns sont retenus à Brest et que les autres sont embarqués à bord du navire le *Chameau ?*

Sont-ils détenus en vertu d'un jugement rendu avec les formes légales, et entraînant par conséquent exécution ?.... — Non.

Il y a donc arrestation et détention arbitraire. Maintenant que dit le Code pénal ? L'article 114 porte : que lorsqu'un fonctionnaire public, un agent ou un préposé du gouvernement aura ordonné quelque acte arbitraire et attentatoire à la liberté individuelle d'un ou de plusieurs citoyens, il sera condamné à la peine de la dégradation civile. Les lois temporaires qui ont accordé à l'autorité administrative le droit de détenir dans des prisons d'État ou autrement, n'existent plus, et sans doute on ne le verra jamais reparaître.

L'art. 117 du même Code porte : « que les dommages et intérêts qui pourraient être prononcés à raison des attentats exprimés en l'art. 114, seront réglés eu égard aux personnes, aux circonstances et au préjudice souffert, sans qu'en aucun cas, et quel que soit l'individu lésé, lesdits dommages puissent être moindres de 25 francs pour chaque jour de détention illégale et arbitraire, et pour chaque individu.

L'art. 119 punit de la dégradation civique et des mêmes dommages et intérêts les fontionnaires publics chargés de la police administrative et judiciaire, qui ne justifieront pas avoir dénoncé à l'autorité supérieure les détentions illégales et arbitraires.

L'art. 120 punit de la même peine ceux qui auront reçu un prisonnier sans mandat ou jugement.

Ces art. s'appliquent évidemment à M. le sous-préfet de Brest et à M. le commandant du navire le *Chameau.* Ni l'un ni l'autre ne peuvent ignorer qu'il existe en France des lois protectrices de la liberté individuelle; ni l'un ni l'autre ne peuvent ignorer que les personnes sont sous la protection des tribunaux qui rendent justice au nom de V. M., et qu'elles n'appartiennent à aucun fonctionnaire administratif, quel que soit son rang.

A ces causes, plaise à V. M., permettre aux supplians, de poursuivre devant les tribunaux compétens, M. le sous-préfet de Brest et
M. le commandant du navire le *Chameau*, en rade de l'île d'Aix,
pour faire prononcer contre eux les peines prévues aux art. 114, 117,
119, et 120 du Code pénal.

N° XXVII. — *Extrait du Journal des Débats.* (Article attribué à
M. de *Châteaubriand*).

Paris, 21 juillet 1824. (*Journal du 22.*)

Une nouvelle plaie de la France vient de se découvrir aux regards
du public; l'affaire des hommes de couleur déportés nous révèle l'état
précaire et dangereux où sont laissées nos colonies par l'absence d'une
constitution fixe, claire et complète, qui détermine la *position civile*
de chacune des classes d'individus dont la population coloniale se
compose.

La véritable difficulté n'est pas dans les dispositions des nègres,
classe facile à contenter, toutes les fois qu'une administration ferme et
paternelle veillera sur les abus d'autorité et les procédés inhumains
auxquels d'ailleurs les nègres sont moins exposés dans nos colonies,
que dans celles de la plupart des autres nations.

Le danger réel résulte de la position équivoque de la classe nombreuse, intelligente, courageuse et robuste des hommes de couleur.
Produit pour ainsi dire naturel du climat, le mulâtre unit la force phy-
sique de l'Africain à l'énergie mentale de l'Européen; il a été élevé au
rang de citoyen par la législation révolutionnaire; il est repoussé dans
l'ignominie et presque dans l'esclavage par la remise en vigueur des
anciens réglemens coloniaux, réglemens incohérens, contradictoires
entre eux et avec les ordonnances. Les gens de couleur espèrent en
la bonté du roi; ils vivent en sujets soumis et fidèles, en attendant
le jour de la justice royale. Puissent-ils persévérer dans cette conduite!

Mais vous, ministres du roi, devez-vous laisser subsister des incer-
titudes aussi dangereuses? Croyez-vous que des adoucissemens arbitraires, apportés au sort de cette classe, suffisent pour assurer à jamais son attachement à la métropole? La grande île de Haïti est
gouvernée par les gens de couleur qui y forment une aristocratie puis-
sante. Cette même caste exerce dans la république de Colombie, si
voisine de nos îles, toutes les fonctions civiles et militaires, concur-
remment avec les blancs; pouvez-vous nier que cet ensemble de circonstances présente un de ces cas graves où il n'est pas permis à un
ministère de rester inactif, et d'attendre les bras croisés, comme vous
l'avez fait jusqu'à ce jour, que les chances incertaines de l'avenir amè-
nent une crise salutaire ou funeste.

Le bon sens indique les deux mesures urgentes; La première, une
ordonnance royale qui, parmi le chaos des réglem... coloniaux,
abroge formellement tous ceux qui, dictés par l'esprit ...s anciennes
assemblées coloniales, ne sont plus en harmonie avec l'état moral et social auquel les hommes se sont élevés; la seconde, une législation
nouvelle et complète qui détermine les droits et les priviléges de chaque
subdivision d'hommes libres dans les colonies.

Les expressions soigneusement posées que nous employons, montrent assez que nous ne partageons pas l'idée chimérique d'introduire dans les colonies l'égalité civile qui règne légalement dans la métropole. Toute société fondée sur l'esclavage (et malheureusement tel sera long-temps encore l'état de nos colonies) admet et exige même une hiérarchie de classes inégales en droits, semblable à celles qui existaient dans beaucoup de petites républiques.

Mais, si on veut conserver nos colonies, qu'on se hâte de leur donner cet exemple de lois fondamentales qui leur manque. On s'est indigné avec raison de l'atroce folie qui voulait immoler les colonies à un principe; mais n'est-ce pas une autre folie de les immoler à l'absence des principes?

Nº. XXVIII. — *Requête* (1) *à la Cour de cassation, section criminelle.*

29 juillet 1824.

Attendu qu'il a été remis au soussigné six déclarations de pourvoi, pour être adressées à la cour, et qu'il n'est pas jugé de leur régularité;

Plaise à la Cour permettre au soussigné de déposer dans son sein les expéditions ci-jointes desdites deux déclarations, faites un même jour 23 juillet 1824, l'une au greffe du tribunal de Rochefort, l'autre à celui de Brest. *Signé* ISAMBERT, avocat à la Cour.

Nº XXIX. — *Lettre à M. Portalis, président de la section criminelle de la Cour de cassation.*

Paris, 19 août 1824.

Monsieur le comte, le 29 du mois dernier j'ai présenté à la Cour, par l'huissier de service, deux actes passés, l'un au greffe du tribunal de Brest, l'autre au greffe du tribunal de Rochefort, contenant déclaration de pourvoi en cassation, par six individus déportés de la Martinique.

M. le président par intérim, m'a remis ces pièces, en me faisant observer que ces déclarations ne contenaient pas la date de l'arrêt de condamnation, ni la qualification de la jurisdiction dont il émane. Cela est vrai; mais c'est la faute des juges et non des condamnés: l'arrêt ne leur a pas été lu ni procuré; nous croyons que la décision est du 27 décembre 1823, et qu'elle émane d'une commission judiciaire; mais, pour savoir ce qu'il en est, et si la Cour de cassation est compétente, il faut un arrêt d'apport de pièces, comme dans l'affaire des cent six transfuges.

En attendant, un rapporteur doit être nommé sur le dépôt de ses déclarations, et arrêt doit être rendu en audience publique, après plaidoirie. Le défenseur n'est pas le maître de supprimer les déclara-

_____

(1) Remise à M. Olivier, président par intérim, à l'audience du 29 juillet 1824, par l'huissier de service. Cette requête est demeurée sans réponse, et l'on n'a pas permis de plaider.

tions de pourvoi, et la Cour ne peut pas y statuer à *huis clos et verbalement.*

J'invoquerai à cet égard un précédent remarquable, émané d'un magistrat qui a laissé dans la Cour de si grands souvenirs, et dont on connaît la sévère exactitude dans le maintien des formes. J'avais l'honneur de lui présenter la requête du sieur Caron. M. Barris eut la bonté de me répondre, par écrit, de Mont-Rouge, le 29 septembre 1822, en ces termes :

« Il ne peut être nommé de rapporteur que sur les affaires dont la
» Cour est également saisie.

» Elle n'est saisie que par une déclaration de pourvoi, faite conformément à la loi.

» Si l'article 424 du Code d'instruction criminelle autorise les condamnés à déposer directement leurs requêtes au greffe de la Cour,
» il suppose qu'un extrait en forme de pourvoi, accompagne ces requêtes, ou a été antérieurement déposé ou transmis.

» La requête du sieur Caron n'est point jointe à un acte de pourvoi :
» si donc un acte de ce genre n'est pas parvenu au greffe, l'enregistrement de la requête a été régulièrement refusé par le greffier.

» Si M. Isambert insiste, il pourra s'adresser à la Cour jeudi prochain ; elle en délibérera ; mais son président, agissant individuellement et dans l'exercice de son autorité particulière de discipline et
» de police, doit se renfermer soigneusement dans les formes légales
» et les formes d'usage.

» Il ne peut donc, dans l'état, commettre un rapporteur sur la requête signée par M. Isambert.

» Mont-Rouge, le 29 septembre 1822. *Signé,* le président BARRIS. »

D'après cette lettre, je demandai la parole à la Cour le 3 octobre. Elle me l'accorda ; ma requête fut de suite remise, à M. le conseiller Avoyne de Chantereyne, et il y eut arrêt.

J'invoque la même faveur, et ici je suis bien plus fondé. Il ne s'agit pas de la réception d'un écrit informe, rédigé par l'avocat, mais d'une déclaration de pourvoi, faite par le condamné lui-même.

Si la déclaration est irrégulière ou nulle, la Cour le déclarera par un arrêt; mais il est nécessaire, pour ma décharge, qu'il y ait arrêt sur le dépôt que je déclare faire dans vos mains des déclarations dont il s'agit.

N° XXX. — *Réponse de M. le président.*

Paris, le 20 août 1824.

Pour que la cour entende un avocat sur une affaire, et par conséquent, ordonne l'apport des pièces, il est nécessaire qu'elle soit régulièrement saisie.

Elle ne peut être régulièrement saisie, s'il s'agit d'un recours contre un acte émané des tribunaux du royaume, que par une déclaration faite conformément aux dispositions de l'art. 417 du Code d'instruction criminelle.

Si les mêmes formes ne sont point applicables aux recours formés contre les actes émanés des tribunaux de la colonie de la Martinique, parce que le Code d'instruction criminelle n'y est point en vigueur, pour que la Cour soit saisie d'un tel recours, quelle qu'en soit d'ailleurs la forme, il faut qu'il existe substantiellement.

Or, il ne peut exister substantiellement sans un acte authentique du condamné qui le déclare devant les juges qui l'ont condamné, ou qui fasse connaître l'impossibilité où il s'est trouvé de le faire, et qui indique en même temps le tribunal qui a rendu le jugement attaqué, et la teneur et la date de ce jugement, et c'est ce qui n'est point dans l'espèce.

Les déclarations des cliens de M. Isambert n'annoncent pas la date des actes qu'ils dénoncent à la Cour, et non seulement ils n'indiquent pas le tribunal duquel ces actes émanent, mais ils n'établissent même pas que ces actes soient le fait d'une autorité qui ressortisse à la Cour de cassation. Ces déclarations ne peuvent donc saisir la Cour.

En cet état, M. le président, par *intérim*, de la section criminelle, a fait tout ce qu'il y avait à faire ; et la Cour n'a point d'arrêt à rendre, ni à *huis clos*, et dans la chambre du conseil, ni en *audience publique*.

Le précédent, invoqué par M. Isambert, a eu lieu dans un cas tout spécial et ne saurait tirer à conséquence. Il ne peut autoriser le président de la section criminelle, à donner la parole, à l'audience, à un avocat, à l'occasion d'une affaire dont la Cour n'est point saisie, et que rien n'annonce être de sa compétence.

Signé, comte PORTALIS, président.

Nº XXXI. — *Lettre du procureur du roi de Brest à MM. Millet, Eriché, Laborde, Mont-Louis Thébia.*

Brest, 30 juillet 1824.

Messieurs, je m'empresse de vous prévenir que j'ai reçu une plainte, en date de ce jour, que vous formez en détention arbitraire contre M. le sous-préfet de Brest.

J'ai l'honneur de vous saluer. S. S. DE KAUFLECK.

Nº XXXII. — *Lettre à M. de Brevannes, conseiller-d'état, rapporteur de l'affaire des déportés de la Martinique, au comité de l'intérieur (1).*

Paris, 30 juillet 1824.

Monsieur le conseiller d'État, ne pouvant, dans une affaire non contentieuse, ou supposée telle, produire officiellement de mémoire, au comité de l'intérieur, dans l'affaire des déportés, dont vous êtes rapporteur, permettez-moi de vous soumettre des réflexions importantes, et de vous prier de les faire valoir devant le conseil, pour éclairer sa religion.

Le conseil ne se croira peut-être pas en droit d'examiner si la décision du conseil spécial du gouvernement de la Martinique, est légitime

_____

(1) On ignore quelle décision a été prise. (V. ci-après, p. 133 nº 35, au 26 août.)

au fond, et s'il y a eu conspiration véritable de la part des hommes de couleur, ce que je nie de toutes les forces de mon âme, ce que M. Billecocq, dans sa consultation, et ce que M. Chauveau-Lagarde, dans un mémoire qui a paru hier, nient également, d'après une intime conviction.

Le conseil partira de ce point, qu'il existe une décision émande d'une autorité compétente. Il se demandera quels peuvent en être les effets en France.

Supposé qu'il s'agit d'un jugement étranger (et les colonies sont un peu dans ce cas, car elles ont une autre constitution); le gouvernement français se croirait-il en droit de donner exécution à la déportation, en retenant ces individus sous l'autorité de sa police, ou dans ses prisons? Évidemment non; tous les auteurs du droit des gens vous disent que le pouvoir criminel d'un État ne s'étend pas au-delà de son territoire, celui que l'on voudrait frapper ainsi d'une mesure répressive, n'ayant pas offensé les lois du pays, ne peut être passible d'aucune pénalité; quel État voudrait se constituer le geolier d'un autre État.

La question est modifiée, sans doute, parce qu'il s'agit de l'acte d'un gouvernement colonial placé sous la souveraineté du roi de France. S. M. doit protection aux actes de ce gouvernement, lorsqu'ils sont légitimés par les lois. Cela est vrai; mais alors il faut examiner avec soin la légalité de la décision qu'il s'agit d'attaquer, et ses effets légaux.

Or, en premier lieu, je soutiens que la colonie de la Martinique ayant été, par l'ordonnance du 12 décembre 1814, remise sous la protection de ses anciennes lois, il n'en existe aucune qui autorise les déportations sans jugement. Cela était pratiqué comme avant la révolution à l'égard des lettres de cachet; mais cela n'a jamais été légal.

Je soutiens, en deuxième lieu, que l'arrêté ministériel du 10 septembre 1817, n'a pu recevoir d'exécution que dans les colonies où, par une *loi* antérieure, la liberté individuelle était suspendue. En effet, cette décision particulière n'est point une loi, ce n'est qu'une instruction pour l'exécution d'une loi préexistante. Je crois qu'elle n'est pas revêtue de la signature du roi; quand même elle aurait cette signature, elle n'aurait pas la force et l'autorité d'une disposition législative; car, remarquez-le bien, l'article 73 de la Charte porte que les colonies seront régies par des lois, et non pas seulement par des réglemens. Or, la liberté est certainement matière législative.

En troisième lieu; et supposé que la liberté individuelle dans la colonie de la Martinique soit soumise au pouvoir discrétionnaire du gouvernement de l'île, il est évident que ce droit extraordinaire d'exception ne peut pas dépasser la nécessité, ni les bornes assignées à sa juridiction.

Du moment donc que les quatre négocians détenus à Brest, ont été éloignés de la colonie, avec défense d'y rentrer, le droit de l'autorité administrative a été épuisé.

A leur arrivée en France, ils étaient soumis à un autre ordre de législation, qui n'autorise point les mesures arbitraires.

Mais, dira-t-on, à la Martinique, on n'a pas prononcé un simple bannissement, mais une véritable déportation. Si on l'a fait, on a eu tort; la législation coloniale ne peut pas étendre sa juridiction jusqu'à la métropole ; si l'arrêté du 10 septembre 1817 semble l'autoriser, c'est une erreur évidente. Le système qui régit les colonies, ne peut pas rétroagir sur le territoire national, où règne la liberté individuelle. Autrement et par un ordre publié dans les colonies, on pourrait flétrir les citoyens de la métropole et de la colonie, confisquer leurs propriétés, etc.

En quatrième lieu, je soutiens qu'aucun fonctionnaire français ne peut, sans compromettre sa responsabilité, et sans s'exposer aux poursuites autorisées par le Code pénal, art. 119, retenir en prison des individus qui ne sont pas *légalement* condamnés.

Mais, dira-t-on, que faut-il donc faire? Les renverra-t-on au Sénégal? On ne le peut à l'égard de ceux qui n'ont pas été déportés nominativement par la décision que le conseil examine ; ce serait changer la peine, ce serait l'aggraver. Or, j'en suis sûr, il n'est pas un des membres du conseil qui croie avoir reçu du roi ce pouvoir, ou qui croie pouvoir conseiller au ministre de le prendre.

Si la décision est inexécutable en France, on ne peut que les mettre en liberté, en leur laissant la faculté d'y réaliser leur fortune, et d'y vivre à l'abri de ses lois, ce qui permettrait à ces malheureux de réparer leurs pertes, ou de se rendre à Saint-Domingue, ou dans les colonies voisines, afin de se réunir à leurs familles.

Mais, dira-t-on, si on les met en liberté, il peuvent retourner à la Martinique, et le salut de la colonie s'y oppose. Je crois qu'il n'y a de salut pour la colonie que dans la justice, et que le gouvernement français, en favorisant l'esprit brouillon et insurrectionnel des blancs, aliène le cœur des sujets fidèles, et prépare de grands malheurs; mais pour répondre à l'objection, je dirai que si les déportés enfreignent leur ban, ils seront punissables. Reconnaître qu'ils peuvent l'enfreindre sans encourir aucune peine, serait reconnaître que la mesure de déportation a été illégale.

J'espère donc que le comité, pour répondre aux intentions de S. E., exprimera l'avis qu'aucune loi n'autorise la détention en France d'individus frappés d'une mesure extrajudiciaire, et que leur mise en liberté seule peut mettre la responsabilité du ministre à couvert.

Veuillez me pardonner ces réflexions; elles me sont dictées par un devoir sacré et impérieux. Je n'abandonnerai jamais des innocens, qui ont placé dans moi, et dans la justice de leur cause, toutes leurs espérances.

N° XXXIII.—*Lettre du Procureur du roi de Rochefort à M. Isambert, à Paris.*

Rochefort, 6 août 1824.

Monsieur, pour répondre, autant qu'il dépend de moi, aux nouvelles demandes que vous m'avez faites par votre lettre du 28 juillet dernier, j'ai l'honneur de vous informer que j'ai rendu compte de l'affaire des trente-neuf habitans de la Martinique, condamnés à la déportation au Sénégal à M. le procureur-général près la Cour royale de Poitiers. C'est à ce magistrat que vous devez adresser désormais les réclamations que vous croirez nécessaires de faire dans l'intérêt de vos cliens (1).

Recevez, l'assurance de ma considération la plus distinguée,

Le procureur du roi, RABOTEAU.

No XXXIV. — *Extrait de la citation donnée à la requête de MM. Friché, Millet, Laborde et Thébia, au comte de Mauny, conseiller auditeur à la cour de la Martinique, à l'éditeur responsable du Drapeau blanc, au comte de Caqueray-Valmenier, ancien procureur-général et député de la colonie, et à l'éditeur responsable du Moniteur.*

12 août 1824.

Attendu, en ce qui concerne M. le comte de Mauny, que par une lettre signée de lui, insérée au *Drapeau blanc* du 24 juillet, il s'est permis de dire que les déportés de la Martinique, du nombre desquels sont les exposans, étaient des *coupables*, qu'une *procédure a été instruite* contre eux, *que les formes ont été observées* à leur égard, qu'ils sont des *condamnés* subissant une *peine légale*, et qu'en se servant des expressions suivantes: *En 1824, quelques jours de plus, et les massacres de Saint-Domingue recommençaient*, M. de Mauny impute aux requérans des crimes qui font horreur, tandis qu'il sera prouvé que ceux qui sont l'objet des calomnies de M. de Mauny, ont défendu, au péril de leur vie, la personne et la propriété des blancs ou créoles de la Martinique.

En ce qui concerne M. le comte de Caqueray-Valmenier:

Attendu que par un article inséré dans le *Moniteur* du 27 juillet, il s'est permis de traiter les *requérans de factieux*, que l'on se plaisait à qualifier ridiculement de missionnaires, de les traiter de conspirateurs qui s'étaient partagés les places des principaux fonctionnaires de la colonie, et de dire, sans preuves, que l'exécution du complot devait avoir lieu à la Martinique, le 25 décembre, et qu'il n'a manqué son exécution que par l'arrivée à Saint-Pierre d'une compagnie d'artillerie venant de France;

Que par ces écrits, le sieur comte de Mauny et Caqueray-Valmenier, ont imputé aux requérans des crimes, punis par les lois pénales de la peine capitale, et qu'ils sont dans l'impossibilité de rapporter à l'appui de leur assertion, en ce qui concerne les déportés, aucun jugement ou preuve légale;

Ce qui constitue au plus haut degré le délit de diffamation, prévu par l'article 18 de la loi du 17 mai 1819;

Et en ce qui concerne les éditeurs responsables du *Drapeau blanc* et du *Moniteur*, qui par leur caractère semi-officiel donneraient créance à des calomnies aussi atroces;

Attendu qu'en publiant ces lettres, ils se sont rendus les instrumens et les complices du délit.

Se voir les susnommés condamnés solidairement et par corps à cent mille francs de dommages-intérêts envers les requérans, aux frais de

(1) Nous avons adressé une dénonciation à la Cour de Poitiers, comme à celle de Rennes. Il n'y a pas été donné suite.

l'affiche du jugement à intervenir au nombre de dix mille exemplaires, et aux dépens; sauf au ministère public à requérir, dans l'intérêt de la vindicte publique, les peines corporelles et les amendes établies par la loi.

Les requérans, se portent partie civile sur la présente citation.

N° XXXV. — *Bannissement* (1) *des quatre déportés résidant à Brest.*

Brest, 26 août 1824.

Le sous-préfet de l'arrondissement de Brest, chevalier de Saint-Louis, etc., prévient les sieurs Joseph Ériché, Hilaire Laborde, Mont-Louis Thébia et Joseph Millet, déportés de la Martinique, qu'en vertu de la dépêche de S. Ex. le ministre de la Marine et des Colonies, en date du 15 août courant, et de celle de S. Ex. le ministre de l'Intérieur, en date du 21 du même mois; il leur est enjoint de sortir du royaume dans le délai de quinze jours, et qu'il leur sera délivré à cet effet un passe-port pour se rendre au port qu'ils désigneront, hors du territoire français, avec l'obligation de se rendre dans celui des ports de la Manche, où ils pourront trouver des occasions favorables pour s'y embarquer.   QUESNEL.

N° XXXVI. — *Tribunal de police correctionnelle.*

Audience du 1er septembre 1824.

MM. de Mauny et Caqueray de Valmenier prennent place dans l'intérieur du parquet, à côté de madame Agasse, éditeur responsable et imprimeur du *Moniteur*; et de M. Pesson de Maisonneuve, éditeur du *Drapeau Blanc*.

M. Berthous de la Serre, avocat du roi, expose en peu de mots le sujet du procès. Il ajoute :

Nous devons, Messieurs, dans l'intérêt de la loi, vous proposer une exception tirée de la qualité de conseiller auditeur à la cour royale de la Martinique, dont est revêtu M. le comte de Mauny. Les articles 481 et 482 du Code d'instruction criminelle sont ainsi conçus :

« Art. 481. Si c'est un membre de cour royale ou un officier exerçant près d'elle le ministère public qui soit prévenu d'avoir commis un délit ou un crime hors de ses fonctions, l'officier qui aura reçu les dénonciations ou les plaintes sera tenu d'en envoyer de suite des copies au ministre de la justice, sans aucun retard de l'instruction qui sera continuée comme il est précédemment réglé, et il adressera pareillement au ministre une copie des pièces.

« Art. 482. Le ministre de la justice transmettra les pièces à la cour de cassation qui renverra l'affaire, s'il y a lieu, soit à un tribunal de police correctionnelle, soit à un juge d'instruction pris l'un et l'autre hors du ressort de la cour à laquelle appartient le membre inculpé. S'il s'agit de prononcer la mise en accusation, le renvoi sera fait à une autre cour royale. »

---

(1) Il a été exécuté à l'égard de MM. Ériché et Laborde par le sous-préfet du Hâvre. — Les deux autres ont obtenu de rester en France. (V. ci-après, p. 135, la supplique adressée au ministre de la marine.)

(2) La censure n'a pas laissé passer ce récit dans le *Courrier français*.

M. l'avocat du roi continue en ces termes :

Nous venons de recevoir à l'instant de Mgr. le garde-des-sceaux une lettre qui porte que M. le comte de Mauny est actuellement conseiller auditeur à la cour royale de la Martinique. Comme on ne justifie pas de l'accomplissement des formalités exigées par la loi, nous demandons que le tribunal se déclare incompétent. Il en doit être de même pour M. le comte Caqueray-Valmenier et pour les éditeurs responsables du *Drapeau Blanc* et du *Moniteur* à cause de la connexité.

M. Fontaine, avocat de MM. Mauny et Caqueray :

Messieurs, mes cliens déclarent qu'ils ne veulent pas devoir leur justification à une fin de non recevoir : comme l'exception a été introduite par la loi en leur faveur, ils déclarent y renoncer et demandent qu'on passe outre aux débats.

M. Gauthier Biauzat, avocat des déportés :

Messieurs, le ministère public ne peut tirer ici avantage de ce qu'il a omis de remplir une formalité prescrite par la loi ; en effet, il y a plus de trois semaines que nous nous sommes présentés en personne devant M. le procureur du roi. Ce magistrat, avant de permettre de citer, a demandé communication de la plainte pendant vingt-quatre heures ; la loi ne lui accordant pas ce pouvoir quand il s'agit de citation directe, nous nous sommes d'abord refusé à lui laisser les pièces ; mais comme on ne peut forcer le ministère public à faire ce à quoi il se refuse, nous avons rapporté les pièces qui sont restées pendant vingt-quatre heures entre les mains de M. le procureur du roi, et quoiqu'à notre connaissance personnelle le rôle ne soit pas tellement chargé que l'on ne puisse permettre de citer à la huitaine, et que la formalité n'ait lieu que pour empêcher l'encombrement de vos audiences, M. le procureur du roi n'a pas voulu indiquer jour avant le 1er septembre. On a donc eu tout le temps de remplir la formalité dont M. l'avocat du roi vient de vous parler. M. le procureur du roi ne l'a pas remplie, il a eu ses raisons pour cela, car on ne peut pas l'accuser de négligence. Ainsi M. l'avocat du roi est mal fondé à nous opposer cette exception au moment du jugement.

M. Berthous de la Serre : Vous avez pris la voie de plainte directe : le ministère public n'avait point alors le droit d'arrêter votre plainte pour vous imposer l'exécution des formalités prescrites par la loi : l'exception ne peut être opposée qu'au moment où la discussion est portée à l'audience ; si M. le procureur du roi a donné jour pour la citation, il ne l'a fait que pour éviter l'encombrement de l'audience sans aucune approbation de la plainte.

M. Isambert, au nom des déportés, fait remarquer au tribunal que M. de Caqueray n'est revêtu d'aucun caractère officiel ; qu'il a agi comme simple particulier ; que dès-lors il n'a pas droit au privilége de la juridiction extraordinaire devant laquelle on demande que M. de Mauny soit renvoyé ; que d'ailleurs la connexité ne peut exister, puisque les deux prévenus sont cités chacun à raison d'une lettre particulière insérée dans des journaux différens.

M. de Caqueray, assis : J'ai rempli les fonctions de procureur-général....

M. le président : Puisque vous avez fait partie d'un corps de magistrature, vous devez savoir qu'on se lève en parlant devant la justice.

M. le comte de Caqueray de Valmenier se lève et ajoute que depuis qu'il a cessé de remplir les fonctions de procureur-général, il est conseiller honoraire.

Le tribunal délibère quelques instans, et rend un jugement par lequel, attendu que la qualité dont sont revêtus les prévenus leur assure le privilége des articles 481 et 482 du Code d'instruction criminelle, et qu'ainsi il y a empêchement d'ordre public pour le tribunal de passer outre au jugement, il se déclare incompétent

M. Fontaine : Comme on pourrait croire que l'exception a été officieusement sollicitée par nous, je demande acte au tribunal de ce que mes cliens ont renoncé au bénéfice de la disposition des art. 481 et 482 du Code d'instruction criminelle.

M. le président : Le tribunal donne acte à MM. de Manny et Caqueray-Valmenier de ce qu'ils renoncent à l'exception établie en leur faveur.

M. Gauthier Biauzat : M. le président, il y a erreur de fait, en ce que rien ne justifie que M. le comte de Caqueray soit membre de la cour de la Martinique; la lettre de M. le garde-des-sceaux n'en fait aucune mention, et son nom ne se trouve pas même indiqué sur l'almanach de la Martinique.

En adoptant la doctrine du tribunal, relativement à l'application du privilége de juridiction, ce n'est pas le cas de se déclarer incompétent, mais seulement de surseoir, jusqu'à ce que les formalités prescrites par les articles 481 et 482 du Code d'instruction criminelle aient été remplies. La question est grave ; je supplie le tribunal de considérer que nous n'avons aucun droit de demander le renvoi des pièces, soit au ministre, soit à la cour de cassation, et que c'est à l'officier qui aura reçu la dénonciation ou la plainte que la loi impose cette obligation : nous n'avons aucun moyen de forcer le ministère public à remplir un devoir qu'il a eu le temps d'accomplir : je demande donc que le tribunal réforme son jugement en ce point, et déclare qu'il y a lieu à surseoir jusqu'à ce que le ministère public ait demandé les autorisations nécessaires.

M. Berthous de la Serre fait remarquer que le tribunal était saisi par voie de plainte directe, et que c'est à la partie à mettre les tribunaux à portée de la juger. Le tribunal étant saisi sur la plainte, ajoute-t-il, a eu le droit de rendre un jugement définitif.

M. Gauthier Biauzat fait observer que le tribunal peut aussi ne rendre qu'un jugement provisoire.

Le tribunal, après en avoir délibéré de nouveau, maintient son jugement. (1)

Nº XXVII. *Lettre au ministre de la Marine et des Colonies.*

Paris, 17 septembre 1824.

Par décision du 21 août, son Exc. le ministre de l'Intérieur a reconnu, après délibération du conseil d'État (comité de l'intérieur et du commerce), et après s'en être concerté avec votre département, que la déportation prononcée contre les hommes de couleur de la Mar-

(1) Il a été confirmé sur appel par la Cour royale de Paris, et par les motifs des premiers juges, le 4 décembre 1824.

tinique, ne pouvait être mise à exécution en France, dans les termes où elle a été prononcée.

En conséquence, MM. Thébia, Érichd, Laborde et Millet, ont, le 26 du même mois, été déchargés de la mise en surveillance de la haute police, sous laquelle, par suite de la décision de déportation, ils étaient retenus à Brest;

La justice commandait une mise en liberté pure et simple, puisque le ministère a eu le temps de se convaincre de la fausseté de l'accusation, et que l'illégalité de la mesure *extra-judiciaire* de déportation, est démontrée et attestée par tout ce que le barreau offre de plus distingué.

Cependant on les bannit du royaume. Ils se doivent à eux-mêmes de protester contre la légalité de cette mesure; et c'est ce qu'ils font et feront jusqu'au moment de leur départ. Ils ne sortiront pas volontairement de cette terre de France, où ils croyaient trouver justice et protection, et dont le gouvernement les traite comme des conspirateurs étrangers.

Quoi qu'il en soit, et s'il ne leur est pas donné d'obtenir une autre justice, on a droit d'attendre que la mesure soit généralisée : les trente-cinq infortunés, envoyés au Sénégal, ne seront pas détenus plus légitimement dans cette colonie, que ne l'étaient à Brest, les quatre négocians, hommes de couleur, qui ont obtenu d'en sortir. Votre Excellence doit donc donner, à leur égard, les mêmes ordres que S. Exc. le ministre de l'Intérieur vient de notifier à Brest.

Il n'y a rien qui blesse plus la justice, rien qui aille plus directement contre le but de l'association politique, que l'inégalité dans les peines.

Parce que les déportés du Sénégal sont pauvres, ce n'est pas une raison pour qu'on dispose de leur liberté à jamais, et qu'ils soient condamnés à subir une prison perpétuelle, dans les arides déserts et dans le climat brûlant et meurtrier du Sénégal.

On peut éprouver quelques regrets à quitter la France; jamais on n'en éprouvera aucun à s'éloigner d'une terre si ingrate, où la vie d'ailleurs serait d'autant plus insupportable qu'on y serait privé de la liberté; en sorte qu'il n'y aurait aucune différence entre les trente-cinq infortunés que je défends, et les esclaves même de la colonie.

Je viens donc supplier Votre Excellence de faire expédier, par le premier bâtiment qui fera voile pour le Sénégal, à M. le commandant Roger, l'ordre de mettre en liberté les trente-cinq déportés embarqués à bord du *Chameau.*

J'ai l'honneur de prier V. Exc. de m'accuser réception, etc.

Nº XXXVIII. *Lettre du secrétaire général du gouvernement d'Haïti, au défenseur des déportés.*

Port-au-Prince, 5 janvier 1825, an XXII de l'indépendance.

Monsieur, le président d'Haïti me charge de répondre à la lettre que vous lui avez écrite, le 20 septembre dernier, pour lui adresser un exemplaire des pièces relatives à l'affaire des déportés de la Martinique, ainsi que votre plaidoyer dans la cause Herpin.

La réputation brillante dont vous jouissez dans le barreau français, était sans doute pour vous un titre suffisant de recommandation auprès de S. E., qui se plaît à honorer le mérite des hommes à talens de tous les pays; mais le courage et le désintéressement avec lesquels vous avez défendu les infortunés descendans de l'Afrique, que la faction coloniale a arrachés à leurs propriétés, à leurs familles, à leur terre natale, pour les vouer sur une plage barbare aux horreurs de la misère, et à une mort rendue plus cruelle par le souvenir de l'exécrable arbitraire qui en prononça l'arrêt, vous donnent des droits particuliers à l'estime du président et du peuple d'Haïti.

Il n'appartient qu'à une âme vraiment noble de s'élever au-dessus du préjugé régnant pour combattre les erreurs de son siècle, et faire triompher les principes immuables de liberté et d'égalité gravés par l'Être suprême dans le cœur de tous les hommes. Vous n'avez pas craint, monsieur, d'aspirer à cette gloire qu'environnent tant d'écueils; et quoique vos efforts n'aient pas été couronnés des succès qu'ils méritaient d'obtenir, l'opinion publique, éclairée par vous, a du moins flétri le machiavélisme qui osa repousser du sanctuaire de la justice les malheureuses victimes qui en invoquaient l'appui : elle vous a placé, à nos yeux, au rang des amis de l'humanité qu'Haïti révère, et votre nom, désormais associé à leurs noms, partagera le tribut de reconnaissance que nous leur devons.

Tels sont, monsieur, les sentimens que j'ai la faveur de vous exprimer de la part de S. E. le président d'Haïti, qui n'est, dans cette circonstance, que l'interprète de la nation Haïtienne elle-même.

J'ai l'honneur de vous saluer avec la considération la plus distinguée.
Signé, B. INGINAC.

No XXXIX. — *Extrait de la séance de la Chambre des députés, relative aux déportés de la Martinique.*

8 janvier 1825 (Extrait du Moniteur).

M. le marquis *de Lacaze* rapporteur de la commission des pétitions s'exprime en ces termes :

Le sieur Isambert, avocat aux conseils, fondé de pouvoir des hommes de couleur de la Martinique, qui ont été déportés au Sénégal, en 1824, adresse en leur nom à la chambre, une pétition qui contient plusieurs griefs.

La mesure de haute police et de haute sûreté qui fait l'objet des réclamations du sieur Isambert, vous est connue, elle a sauvé nos colonies. Détruire les allégations qu'il avance en faveur de ses cliens, contre la justice et la légalité de cette mesure, sera facile : pour y parvenir, il y a peu de chose à ajouter à l'excellent discours que M. le marquis de Clermont-Tonnerre, alors ministre de la marine, a prononcé le 17 juillet dernier, en réponse à une proposition de M. Benjamin-Constant. Cette proposition tendait à ce que la chambre refusât de voter l'allocation destinée à la Martinique en 1825, par diverses considérations motivées sur les mesures prises dans cette colonie à la fin de 1823, pour l'expulsion d'un certain nombre d'hommes de couleur, libres, qui y troublaient l'ordre public.

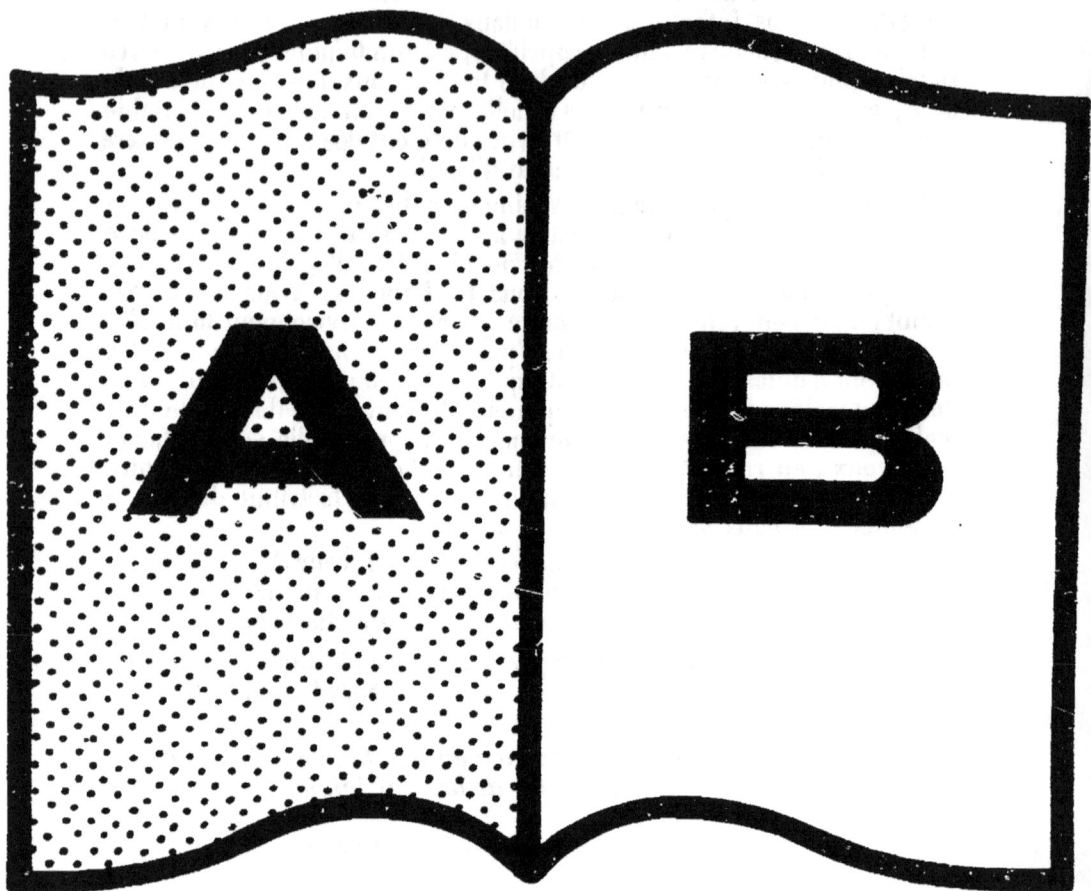

Contraste insuffisant

NF Z 43-120-14

M. de Clermont-Tonnerre a démontré (1) que les mesures dont il s'agit ont été nécessaires, qu'elles ont été régulières, et que le gouvernement a fait, au surplus, tout ce qui était en lui pour adoucir la situation des individus transportés au Sénégal. Vous avez, messieurs, manifesté une vive adhésion aux explications et aux renseignemens donnés par M. de Clermont-Tonnerre; et la chambre des pairs, à qui M. Isambert avait adressé des récriminations du genre de celles dont M. Benjamin-Constant s'était rendu l'organe, les a également écartes par l'ordre du jour.

Dans sa nouvelle pétition, M. Isambert ne fait que répéter des argumens déjà réfutés, contre le droit acquis aux gouverneurs des colonies, d'éloigner de ces établissemens les individus dont la présence peut y porter atteinte à la sûreté publique. On ne peut que se référer, à cet égard, à ce qui existe de temps immémorial. Sans doute, la liberté individuelle a besoin d'être entourée aux colonies, comme dans la métropole, de toutes les garanties qui lui sont propres; mais la situation et la nature même des possessions de ce genre ont toujours exigé qu'en matière de haute police ils fussent soumis à une législation exceptionnelle, et que, sous ce rapport, un grand pouvoir y fût accordé au dépositaire de l'autorité du roi.

Toutefois la pétition de M. Isambert se termine par une demande tout-à-fait nouvelle; après avoir conclu à ce que la mise en liberté des individus envoyés au Sénégal soit prononcée, il réclame en leur faveur une indemnité pécuniaire, dont il trouve le principe dans les lois qui, dit-il, forment la base du projet d'indemnité aux émigrés; ainsi l'on assimilerait des individus qui ont été justement et régulièrement expulsés d'un pays dont ils menaçaient de renverser les institutions, à ces victimes de la fidélité, qui ont volontairement quitté leur patrie, leur famille, leur bien-être, pour concourir au rétablissement de l'autorité légitime ou pour périr avec elle! (2)

De telles prétentions ne sont pas susceptibles d'une discussion sérieuse.

Votre commission pense donc qu'il serait sans objet de renvoyer la pétition de M. Isambert, ainsi qu'il le demande, soit au président du conseil des ministres, soit au ministre de la marine, et qu'il est convenable, au contraire, que la chambre, en passant à l'ordre du jour s'abstienne de délibérer sur l'objet de cette pétition.

M. Casimir-Périer. Quelle que soit la décision de la chambre, je ne conçois pas comment la commission a cru devoir s'associer, dans le rapport qui vient de vous être fait, à tous les actes illégaux qui ont été commis par les autorités de la Martinique.

(1) On a répondu à ces discours; mais comme les mêmes argumens se trouvent reproduits dans la pièce ci-après, on a supprimé la précédente.

(2) Les déportés de la Martinique ont défendu leur pays et les blancs; ils n'ont pas conspiré leur mort, ni appelé l'étranger; l'indemnité réclamée par M. Isambert à titre de justice, a été accordée.

L'aigreur de ce rapport a donné lieu à une nouvelle menace de mesure disciplinaire contre M. Isambert. On a prétendu qu'il était contre la dignité d'avocat de plaider en qualité de *fondé de pouvoir*, une cause qu'il ne lui est pas permis de défendre devant les tribunaux comme avocat. La délibération de la Chambre des pairs a fermé la bouche aux malveillans.

Il est dit dans ce rapport que les déportés de la Martinique ont été justement condamnés. Cependant il résulte des faits, qui n'ont pas été niés, que ces hommes ont été déportés par ordre du gouverneur de la Martinique, sans aucune espèce de jugement; qu'ils ont été envoyés au Sénégal, sans qu'on ait écouté leurs réclamations.

On nous parle dans le rapport de votre commission de réglemens qui régissent les colonies. Messieurs, vous savez que d'après la Charte les colonies seront régies par des lois et des réglemens particuliers. Ces lois et ces réglemens n'existent pas. Les anciennes ordonnances n'ont pu être abrogées, ou si elles l'ont été, elles n'ont pu l'être de manière à placer les colonies dans une situation telle, que les habitans pussent être déportés par la volonté du gouverneur. Il existe d'ailleurs des faits qui méritent toute l'attention de la chambre. Il s'agit d'hommes qui ont été déportés sans jugement, de fils déportés à la place de leurs pères, de frères à la place de leurs frères, morts ou en fuite pour se soustraire à l'exécution des ordres du gouverneur. Ces faits ont été énoncés publiquement à cette tribune. Je sais qu'ils ont été niés par M. le ministre de la marine; mais depuis cette dénégation, les réclamans ont fait entendre leurs plaintes; ils ont démontré par des preuves incontestables qu'on les envoyait au Sénégal contre tous les droits.

Messieurs, avant de prendre un parti sur cette pétition, je pense que la chambre jugera convenable d'entendre les explications, que viendra sans doute lui donner M. le ministre de la marine. Je demande le renvoi au ministère.

M. de Puymaurin. C'est encore Casimir Puymaurin qui succède à Casimir Perrier (on rit). Il n'est pas dans mon caractère de vouloir aggraver le sort des malheureux. La chambre voudra bien se rappeler qu'il y a deux ans, dans une opinion sur les colonies, je fis sentir le danger pour elles des expressions philantropiques émanées de cette tribune, qui devenaient, dans les colonies, le germe de séditions. Vous avez entendu répéter ici, mot pour mot, ce qui avait été dit sur les colonies dans le parlement d'Angleterre, soixante heures après que ces paroles avaient été prononcées à la chambre des pairs de Londres.

Messieurs, les colonies ne peuvent exister qu'avec un gouvernement ferme, surtout dans ce moment. Il faut bien lever le voile. Toutes les colonies des Antilles, soit françaises, soit anglaises, sont livrées à un état de fermentation qui fait craindre de voir renouveler les actes de Saint-Domingue. La Jamaïque a été obligée de proclamer la loi martiale pour échapper à la destruction qui la menaçait. Vous connaissez la conspiration qui a éclaté à Démérari. Le gouvernement anglais, je dois le dire, regarde ces troubles avec une sorte d'indifférence. Il sait que l'incendie allumé dans ses colonies s'étendrait bientôt dans les nôtres; et que nous perdrions par là nos relations commerciales sur ce point. L'Angleterre se prépare à jouir exclusivement du commerce du Sud. Nous serons obligés de nous servir de leur intermédiaire pour nous procurer le sucre, cette denrée de première nécessité, que nos colonies nous fournissent actuellement. Je crois qu'il est très-important de donner au gouvernement de nos colonies le plus de force possible, afin d'arrêter ce mouvement insurrectionnel qui tôt ou tard finira par nous enlever les seules colonies qui nous restent. Nous avons perdu Saint-Domingue ; craignons de perdre la Martinique. (*M. Casimir Périer de sa place.* Rendons justice avant tout.) Cela me rappelle un mot : « Périssent les colonies plutôt qu'un principe » ; c'est toujours le même système. (*Voix à droite.* C'est bien , très-bien.)

M. le général Foy. L'honorable préopinant a exposé à la chambre que d'après des considérations particulières aux colonies, il y avait nécessité pour elles d'un régime distinct de la métropole. Ce qu'il a dit, la Charte l'avait dit avant lui, puisqu'elle a voulu , par son article 73, que les colonies fussent soumises à une législation particulière. Cette législation, que la France attend en vain depuis dix ans, est toujours à faire. En attendant, et par une conséquence qui paraît naturelle, on applique aux colonie la législation de l'ancien régime. C'est une question de savoir si, par cette législation, le gouverneur, l'homme du roi dans la colonie, est autorisé à bannir extrajudiciairement. En supposant ce pouvoir extrajudiciaire entre ses mains, c'est encore une question de savoir s'il peut l'exercer alors que la colonie a une cour royale : car vous concevez qu'il pouvait y avoir dans les colonies une loi martiale qui serait proclamée dans certaines circonstances, qui suspendrait les tribunaux ordinaires pour porter toute l'autorité extrajudiciaire dans la personne de l'homme du Roi : c'est ce qui se passe dans une ville en état de siège. La situation des colonies est à-peu-près semblable. Mais j'admets pour un moment que ce droit de bannissement extrajudiciaire appartienne au gouvernement de la colonie. J'admets qu'il l'ait exercé dans un esprit de sagesse et pour le bien du service. J'admets enfin tout ce qu'il est possible d'admettre dans l'intérêt de la conduite ministérielle ; mais je vous le demande, le Français qui est à la Martinique soumis à la loi du pouvoir absolu, qu'il est utile de maintenir dans l'intérêt spécial de la colonie, ce Français n'a pas cessé pour cela d'être Français. Le jour où il revient sur la terre de France il sort de l'exception, et rentre dans tous les droits de la Charte.

Cela posé, deux cens citoyens ont été bannis de la Martinique et envoyés en France : cette grande déportation a été suivie d'une émigration de douze à quinze cens personnes, à ce que l'on dit. Cette émigration et cette déportation sont tombées, en général, sur la classe industrielle et commerçante ; c'est donc un grand évènement. Mais je ne m'occupe ici que des déportés.

Les déportés sont arrivés dans la rade de Brest, avec deux destinations : l'une pour le Sénégal ; l'autre pour la France.

Je vous demande d'abord, messieurs, comment vous concevez le pouvoir du gouverneur de la Martinique, exercé hors de cette colonie? Un homme est dangereux à la Martinique : on le chasse, cela se conçoit. Mais comment expliquer que le gouverneur de la Martinique puisse continuer son autorité extra-légale, extrajudiciaire, extraconstitutionnelle, de manière à poursuivre un citoyen français, soit sur le sol de la métropole , soit dans une autre colonie?

Il résulte de cet exposé que pour ceux qui ont été envoyés au Sénégal, ce n'est plus par le fait du gouverneur de la Martinique, qui n'a rien à commander au Sénégal : par le fait de qui? je le demande à M. le ministre de la marine. La longue habitude de l'administration ne peut pas lui laisser ignorer qu'un Français n'a pu être envoyé au Sénégal que par un acte du pouvoir judiciaire. Une déportation doit être prononcée par un tribunal.

Il y a quelque chose de plus remarquable encore pour ceux qui ont été déportés en France. Si vous exécutez l'acte qui les a déportés, vous devez les laisser vivre sur la terre de France. Si vous les reconnaissez pour Français, vous devez encore les laisser vivre sur la terre de France, où tous les Français ont le droit de vivre. Je demande donc de quelle autorité on leur a interdit le territoire français?

Il importe de distinguer ici deux faits positifs. Vous voyez que des Français qui avaient touché le sol de la France, et qui n'étaient pas sous le poids d'un jugement, ont été envoyés par le fait du ministère français, les uns au Sénégal, les autres bannis du territoire. Cet acte est certainement contraire aux droits qui nous sont garantis par la Charte; il est digne de toute la sollicitude du gouvernement. Cette sollicitude doit être d'autant plus grande, qu'elle se lie aux considérations générales du régime définitif adopté pour nos colonies.

Je demande en conséquence le renvoi de la pétition, non pas seulement à M. le ministre de la marine, mais au ministère en masse, ou plutôt à M. le président du conseil des ministres, qui le représente.

M. de Vaublanc. Il me semble que l'orateur auquel je succède a toujours raisonné comme si le gouverneur de la Martinique avait commis un acte arbitraire en jugeant les personnes dont il est ici question sans se conformer à aucune loi, à aucune ordonnance. Il est impossible de ne pas convenir qu'il doit exister des formes particulières pour bannir des colonies les hommes qui peuvent, non-seulement les troubler, mais les placer dans une position terrible, à la veille de leur ruine. Ces formes ont été suivies: le gouverneur a même voulu que le tribunal fût composé de deux juges de plus. Il n'y a eu, dans les formalités observées dans le jugement, rien d'illégal, rien qui ne fût conforme aux anciens usages, aux anciennes ordonnances. Je puis certifier à la Chambre que c'est avec un regret infini que le gouverneur s'est porté à ordonner la poursuite des coupables. Il est certain que s'il avait eu moins de fermeté, cette colonie était précipitée dans le dernier excès du malheur. Et faites bien attention que la Martinique renferme des hommes de couleur, d'excellens citoyens, intéressés comme tous les Français d'une couleur différente, à cette sévérité qu'a déployée le gouverneur dans cette occasion.

On vous a dit, l'année dernière, pour rendre la cause meilleure, sous un rapport éloigné, que l'état d'abjection, de despotisme, auquel étaient assujettis les hommes de couleur, était insupportable. Messieurs: cela est faux. Toutes les fois que les hommes de couleur se conduisent comme tout citoyen, ils sont sous la protection des lois; ils sont, comme les autres citoyens, agens du commerce. Je puis attester qu'une des maisons les plus riches de la Guadeloupe, appartient à un homme de couleur. Il en est de même à la Martinique. Je puis citer une maison de commerce très riche à la Martinique, dont le principal teneur de livres est un homme de couleur, qui jouit, non-seulement de la confiance, mais encore de la considération qu'on accorde à un bon citoyen.

Je crois donc pouvoir déclarer que le jugement qu'on attaque n'est illégal sous aucun rapport. Il a bien fallu éloigner de la colonie des hommes dangereux. Je vous le demande, messieurs: n'avez-vous jamais vu des tribunaux extrajudiciaires bannir de la société des hommes dangereux qui troublent son repos?

La pétition se termine par une demande assez extraordinaire, qui a été répétée déjà plusieurs fois. On vous a parlé l'année dernière d'infliger à la colonie de la Martinique la suppression de ce qu'on appelle la dotation qui lui est accordée. Mais il ne faut pas oublier que les colonies sont chargées sur leurs propres fonds de dépenses spéciales, telles que l'ordre judiciaire, les ponts et chaussées, l'éducation publique, le clergé; les autres dépenses sont à la charge de la métropole. Je ne connais pas quels sont les arrangemens nouveaux que contiendra le budget de cette année, mais j'ose croire qu'ils seront conformes à la justice et au régime de l'administration de la colonie. Je crois que la chambre ne doit pas donner à cette pétition l'importance que quelques personnes veulent y mettre. Je crois que cette importance aurait les suites les plus graves, et que nous devons, sur une chose qui concerne uniquement le Gouvernement, nous en rapporter à sa sagesse et à sa loyauté.

(On demande l'ordre du jour.)

M. Benjamin-Constant. C'est avec beaucoup de regret que je monte à cette tribune, et que j'abuse doublement de l'indulgence de la chambre; hors d'état de parler, je ne serais pas venu pour répondre aux allégations des préopinans, si je n'avais été interpellé pour ainsi dire dans le rapport de la commission et par un des orateurs, puisque c'est en réfutation d'une opinion que j'ai prononcée à la dernière session, qu'on vous a proposé l'ordre du jour sur cette pétition si importante. En prononçant ce mot *importante*, je sens le besoin de relever ce que dit à cet égard le préopinant.

Quoi! Messieurs, il s'agit d'hommes qui disent avoir été déportés sans jugement, et avoir essuyé les traitemens les plus illégaux; il s'agit d'hommes dont plusieurs sont morts par suite de la déportation ordonnée par le ministre de la marine, aujourd'hui ministre de la guerre. Enfin quand il s'agit de ces hommes, de leurs malheurs, de leur mort, on vous dit qu'il ne faut pas y attacher de l'importance! Pouvons-nous dans une Chambre de députés, dans une Chambre française, regarder comme peu important ce qui intéresse la sûreté et la vie des citoyens? vous jugerez sans doute que des choses aussi graves méritent d'être examinées mûrement.

J'ai tâché, l'année dernière, de traiter la question d'une manière assez étendue. En ce moment, je me sens hors d'état de le faire. Je dirai seulement, en réponse à ce qu'a dit le dernier orateur, que les hommes de couleur ne sont pas traités dans nos colonies comme il le prétend. Il n'y a qu'à jeter les yeux sur le mémoire présenté par les colons au gouverneur de la Martinique pour voir de quel œil ces colons regardent les hommes de couleur. Ils s'expriment ainsi : « Les blancs ne consentiront jamais de se voir les égaux d'hommes, etc. »

Les colons y déclarent que, quand bien même le gouvernement reviendrait aux ordonnances sages et humaines de Louis XIV, ils ne s'y soumettront pas, ils le déclarent implicitement dans cet autre passage : « Si le gouvernement avait le projet de faire quelques changemens à ces ordonnances, nous prions V. Exc. d'être notre organe auprès de lui, et de lui faire comprendre que, comme il y va de l'existence de nos femmes et de nos enfans, nous sommes fermement résolus à n'admettre aucune modification. »

Ainsi, si le roi dans sa sagesse, dans son humanité, revenait aux ordonnances de ses prédécesseurs, s'il adoucissait le sort des hommes de couleur, s'il leur rendait quelques-uns des droits dont ils ont été privés, les colons seraient en état de rebellion, puisqu'ils disent qu'ils ne se soumettront à aucune modification. On parle sans cesse de la nécessité de maintenir la subordination dans nos colonies; je vous le demande, messieurs, dans ce cas n'est-ce pas l'insubordination, la rebellion qu'on encourage?

Mon honorable ami, le général Foy, vous a parfaitement prouvé que lors même que dans certaines circonstances le gouverneur de la Martinique aurait pu éloigner des hommes de couleur, l'exécution de cette loi martiale ne peut pas donner au gouverneur le droit de disposer du sort de ces hommes hors la colonie. A plus forte raison le commandant du navire *le Chameau* n'avait-il pas le droit de tenir en chartre privée des hommes qui, touchant le sol de la France, avaient le droit de plaider eux-mêmes leur cause et d'obtenir justice, soit au pied du trône, soit devant les tribunaux français. Arrivés sur des vaisseaux français, ils ont été arbitrairement frappés d'arrestation par un sous-préfet, et le commandant du navire *le Chameau* s'est rendu complice de cette arrestation arbitraire en les détenant sur son bâtiment, et le ministre de la marine, aujourd'hui ministre de la guerre, a fini par déporter ces hommes au Sénégal. Il y a eu ici violation des droits les plus sacrés.

Hors d'état d'entrer dans l'examen de la question, je terminerai en citant un fait en réponse au discours que M. le ministre de la marine a prononcé à la session dernière. J'avais dit, d'après les mémoires qui m'avaient été communiqués, et d'après des pièces authentiques, qu'un fils avait été déporté à la place de son père, et un frère à la place de son frère qui avait disparu. M. le ministre de la marine, dans un discours extrêmement remarquable, (et sous ce rapport je suis de l'avis du rapporteur de la commission, car jamais discours plus remarquable n'avait depuis trente ans retenti dans une assemblée;) M. le ministre de la marine avait déclaré dans ce discours très-remarquable que les faits étaient faux. Eh bien! messieurs, dans la nouvelle pétition qu'on vous présente les faits sont prouvés, les individus sont désignés, sont nommés, et si les réclamans obtenaient de faire entendre leurs plaintes devant les tribunaux, ils y produiraient leurs preuves. Je sais l'impression que fait naturellement sur les hommes les plus indépendans l'affirmation qui part de la bouche d'un ministre; mais il me semble que ce fait que vous avez sous les yeux doit vous mettre en défiance. On vous a dit que les faits étaient faux, et pourtant ils sont vrais. On vous a dit que la justice n'avait pas été violée, et cependant elle l'a été. C'est donc un motif de plus pour vous déterminer à renvoyer la pétition à M. le président du conseil des ministres.

Je demande ce renvoi pour l'honneur du gouverneur de la Martinique, et sur-tout pour l'honneur du ministre de la marine, aujourd'hui ministre de la guerre. Après des dénégations aussi formelles, après un discours vraiment extraordinaire, dans lequel M. le ministre tournait contre l'orateur imprudent qui était venu dévoiler des faits aussi graves, la Chambre ne doit pas avoir une entière confiance dans ces dénégations, Je demande donc pour l'honneur du ministre, plus encore que pour tout autre (on rit), et aussi dans l'intérêt des déportés, que la pétition soit renvoyée au président du conseil des ministres.

M. le ministre de la marine. Je crois devoir soumettre à l'examen de la Chambre les faits qui ont donné lieu à la pétition, et qui n'ont pas été développés dans cette discussion. Vous sentez que dans une matière aussi délicate, lorsque les paroles prononcées à cette tribune doivent retentir au loin, et jeter peut-être dans les colonies des brandons de discorde, je serai nécessairement très court.

Il y a environ un an qu'un pamphlet, qui avait paru en France, fut expédié dans les colonies à un très grand nombre d'exemplaires. On a dit que ce pamphlet avait pu être innocent en France; mais il faut faire attention qu'un pamphlet, dangereux en France, transporté dans les colonies, pourrait y faire naître de très grands dangers. Effectivement, du moment où il y fut répandu, on s'aperçut à la Martinique d'une fermentation extrêmement grave. L'impression qu'il y produisit avait fait tant de ravages, qu'il appela la sollicitude du gouverneur. Le gouverneur de la Martinique fit des réflexions sages, et tint une conduite très circonspecte. Une foule de personnes, dénoncées pour avoir pris part à ce mouvement, furent arrêtées.

Le mouvement du 25 décembre avait été renvoyé au 25 février, et ensuite au 25 avril. A cette époque, une insurrection éclata à la Martinique, et un pareil mouvement se fit sentir aussi à Démérari et dans presque toutes les Antilles. Les circonstances étaient graves. Le gouverneur devait donc prendre des mesures pour conserver au roi la colonie que S. M. lui avait confiée. La cour royale de la Martinique à reconnu par son arrêt qu'il y avait eu conspiration et des coupables; je dois le dire, parmi les hommes de couleur en minorité. On vit, au contraire, les hommes de couleur en très grand nombre aller se ranger autour du gouverneur, pour lui offrir leur appui. Mais enfin le fait de la conspiration était constant. Quatre hommes avaient été condamnés aux travaux forcés, et trois au bannissement. Le gouverneur usa de la faculté qui lui était accordée par la loi, de prononcer toutes les condamnations par la voie administrative. Ce droit du gouverneur, de prononcer par voie de haute police, a été reconnu non seulement comme un des droits, mais encore comme une des obligations de la part du gouverneur.

J'ai été étonné d'entendre, dire à cette tribune, que puisque la Charte portait que les colonies seraient régies par des règlemens particuliers, et qu'il n'y avait pas eu de règlemens faits, il en résultait qu'elles n'avaient pas de législation. Mais, Messieurs, l'ancienne législation existe toujours pour les colonies: elle a été modifiée. Le droit accordé au gouverneur de bannir non seulement des hommes de couleur, mais encore des blancs, toutes les fois que l'intérêt de la colonie l'exigeait, était déjà consacré. Mais, en 1817, le roi voulut que ce pouvoir fût environné de nouvelles formes propres à garantir de l'abus: il ordonna qu'à l'avenir les gouverneurs ne pourraient plus prononcer le bannissement que sur l'avis d'un conseil composé du commissaire-ordonnateur, du maréchal-de-camp commandant la division et du procureur-général près la cour royale. Dans la circons-

tance dont il s'agit maintenant, ce conseil a été appelé; les témoins
ont été entendus; des instructions ont été faites; les prévenus ont été
interrogés; et, pour donner encore plus de solennité à cette instruction,
le gouverneur a fait appeler au conseil trois des juges de la cour
royale et le contre-amiral commandant des forces maritimes. C'est
donc par ce conseil composé de huit ou dix fonctionnaires principaux
de la colonie, qu'il a été reconnu que la sûreté de cette colonie exigeait
qu'il fût pris des mesures fermes et vigoureuses. En conséquence,
ceux qui avaient été impliqués dans la conspiration, mais contre lesquels il n'y avait pas assez de preuves pour prononcer une condamnation à mort, furent condamnés, les uns à être déportés au Sénégal,
d'autres seulement à être conduits en France, pour que le gouvernement décidât de leur sort.

On nous dit que ces derniers devaient, en arrivant en France, jouir de
la liberté qui appartient à tout citoyen français. Je réponds à cela que
le bâtiment qui les portait ne débarqua pas en France; il ne le pouvait
pas sans une autorisation spéciale; et quand aux droits qu'on réclame
en faveur des hommes de couleur, je répondrai que ces droits leur
sont interdits par la loi qui dispose formellement qu'ils ne peuvent venir
habiter en France sans en avoir reçu l'autorisation préalable.

Parmi ceux qui, en conséquence de la condamnation portée contre
eux, ont été déportés au Sénégal, un des préopinans a dit qu'il s'était
trouvé beaucoup de morts. J'ai eu du Sénégal des nouvelles qui ne
m'annoncent rien de semblable, et qui portent au contraire que la plupart des déportés ont fait des établissements de commerce, ou se sont
livrés à la profession de leur état.

D'après cet exposé des faits, peut-on encore soutenir que le gouverneur de la colonie a excédé ses pouvoirs? Je ne le pense pas; car
il n'a fait qu'user des droits qui lui étaient accordés par la législation,
et en ajoutant aux formes prescrites par la loi, des formes plus solennelles encore. L'arrêt a été rendu en présence et sur l'avis de fonctionnaires et de magistrats recommandables. Dans cette circonstance,
le gouverneur a rendu un service signalé à la colonie et au gouvernement, et le roi lui en a témoigné sa satisfaction. Je crois que les orateurs qui prennent aujourd'hui la défense des condamnés, agiraient
plus utilement dans leurs intérêts en gardant le silence, et en laissant
aux passions le temps de se calmer, car il ne faut pas se dissimuler
que ce qui se dit à cette tribune peut produire de grands dangers dans
les colonies, en y ranimant des fermens de haines et de discordes mal
éteints. Il est à regretter que les condamnés eux-mêmes n'aient pas
cherché un refuge dans la clémence royale au lieu d'appeler les passions à leur secours, ce moyen eût été peut-être plus utile pour eux,
et sans contredit l'ordre y eût gagné beaucoup dans les colonies.

Messieurs, j'espère qu'en passant à l'ordre du jour vous tranquilliserez
les colonies, qui ont le plus grand besoin de repos, et que par là vous
apprendrez aux fauteurs de séditions, qu'aucun de ceux qui professent
les maximes qui si long-temps ont troublé le monde, ne trouveront
d'appui parmi vous.

Un grand nombre de membres. Aux voix, aux voix.....

M. Dupont de l'Eure. Comment, aux voix!....

M. le général Foy demande et obtient la parole.

M. le général Foy. Ce ne sont assurément ni mes conclusions ni mon opinion que M. le ministre a combattues; car j'ai reconnu, comme lui, que le système colonial appelle un régime distinct. J'ai reconnu comme lui que dans des circonstances déterminées, il appelle même le régime absolu; j'ai reconnu comme lui qu'il était possible que le gouverneur de la Martinique n'eût pas excédé ses pouvoirs; mais ce que j'ai ajouté et ce à quoi il n'a pas répondu, c'est qu'il y a deux questions distinctes dans l'affaire qui fait l'objet de la pétition : la question relative au gouverneur de la Martinique, et la question qui se rattache à la conduite du ministère français. J'ai dit que lorsque le gouverneur de la Martinique avait renvoyé de la colonie les hommes qu'il jugeait dangereux, tout était fini pour lui; il avait fait tout ce que lui semblait exiger le salut de la colonie; j'ai dit ensuite que les déportés, en touchant la terre de France, rentraient dans le droit qui appartient à tout citoyen français. (Des murmures s'élèvent à droite.... *M. Méchin* C'est l'ancienne législation!... *Un grand nombre de voix à droite.* Ils ne sont pas entrés en France!... Ils n'en avaient pas le droit!....)

Je regrette beaucoup que M. le ministre de la marine et les orateurs qui l'ont précédé à cette tribune n'aient pas essayé de développer cette dernière question qui est riche en considérations morales et politiques; et je persiste à dire que même en approuvant complètement la conduite du gouverneur de la Martinique, question à laquelle je ne veux pas toucher, parce qu'elle est délicate, qu'elle compromet la sûreté de nos colonies, et aussi parce que je n'ai entendu exposer les faits que par une des parties, et que par conséquent je serais un mauvais juge; toujours reste-t-il à examiner la question qui se rattache au sort des déportés arrêtés sur le sol français : c'est là une question toute spéciale, une question dans laquelle il ne s'agit que du ministère. J'ai dit qu'on n'avait pas le droit de chasser ces hommes de la France, comme on l'a fait, car, de deux choses l'une : ou ils devaient subir l'arrêt qui les renvoyait en France, ou ils devaient jouir des droits de citoyens français. Dans l'un et l'autre cas, on n'avait pas le droit de les bannir de France.

Par ces considérations, tout-à-fait dégagées de la question coloniale, question délicate, et à laquelle je ne touche pas parce qu'il faut se garder de réveiller des passions dangereuses, je demande le renvoi de la pétition au ministre qu'elle concerne.

M. le ministre des finances. Il me semblait que la réponse du ministre de la marine devait suffire; qu'elle réfutait complètement les allégations des orateurs qui l'ont précédé à la tribune, et notamment l'objection du général Foy. Le général Foy dit : J'admets que tout ce qui a été fait dans la colonie soit bien fait; je ne m'occupe que de ce qui s'est passé en France. Mais, Messieurs, M. le ministre de la marine vous a exposé que ce qui s'est passé en France est la conséquence de la loi; la loi en effet interdit l'entrée de la France aux hommes de couleur qui n'ont pas obtenu l'autorisation du gouvernement.

Le gouverneur avait envoyé des hommes destinés à être déportés au Sénégal; on leur a laissé suivre cette destination, et en cela on n'a fait que ce qu'on devait, puisque le général Foy reconnaît lui-même que ce qui s'est fait à la Martinique était légal. Nous pouvons le rassurer plus pleinement encore relativement à des actes déjà signalés à cette tribune, démentis ensuite par le ministère et reproduits néanmoins dans la pétition. Il y a impossibilité dans les faits relatifs aux substitutions de telle personne à telle autre; il y a impossibilité, parce que le jugement porte les noms, les qualités, l'âge, en un mot toutes les désignations qui doivent accompagner de pareilles condamnations. Il est, dis-je, tout-à-fait impossible qu'il y ait eu substitution d'un père à un fils, d'un vivant à un mort, enfin de toutes les choses alléguées dans la pétition.

Mais je reviens au raisonnement du général Foy. Relativement à ceux qui étaient destinés pour le Sénégal, ils ont suivi cette destination, et le sous-préfet de la localité n'aurait eu aucun droit d'obtempérer à ce qui était demandé par les pétitionnaires, car à lui n'appartenait pas le droit d'entraver l'exécution d'un jugement rendu, jugement extraordinaire, il est vrai, mais néanmoins rendu par l'autorité compétente dans le pays. Quant à ceux qui ont été bannis de France, ils ne peuvent y rentrer que sous l'autorisation du gouvernement. Eh bien! qu'a fait le Gouvernement? il a usé de son droit; il n'a pas donné à ces hommes de couleur l'autorisation de rester dans le royaume; mais il ne les a pas envoyés au Sénégal; il leur a ouvert la porte pour aller où il leur conviendrait. Ainsi, le gouverneur n'a fait qu'user du pouvoir qui lui était confié, et dont toutes les personnes qui ne sont pas étrangères à l'état des colonies reconnaissent la nécessité; il n'a fait que ce qu'il avait le droit de faire, que ce qu'il était de son devoir de faire. Le ministère français a fait également le sien lorsqu'il a refusé de donner protection aux agens des troubles et des désordres, et en leur interdisant le séjour de la France comme la loi le permettait. J'espère ainsi qu'il ne restera plus de doute à ce sujet dans l'esprit de personne.

(On demande vivement à aller aux voix. M. le président met l'ordre du jour en délibération; il est prononcé à la presque unanimité. Cinq ou six membres seulement se lèvent à la contre épreuve.)

XI. — *Observations du défenseur des déportés de la Martinique, en réponse à quelques opinions émises à la tribune de la Chambre des députés.*

Paris, 9 janvier 1825.

Si quelque chose pouvait convaincre de l'impossibilité d'éclaircir à la tribune les faits d'où dépendent la vie et l'honneur des citoyens;

Si quelque chose pouvait ajouter à l'aversion que les amis de la justice ont conçue pour les jugemens par commission;

C'est la manière dont la discussion s'est égarée deux fois à la Chambre des députés, à l'occasion de l'affaire des déportés de la Martinique.

Au parlement d'Angleterre, on n'aborde jamais des questions de cette nature, qu'après qu'une enquête a été faite par un comité spécial; ce comité mande auprès de lui les parties, ou leurs conseils; les interroge, commence par s'assurer des faits, et par se procurer toutes les pièces nécessaires;

Et quand ce comité fait un rapport à la chambre, tout est éclairé; la religion de tous les membres est éclairée, et la décision a lieu presque toujours sans division.

C'est ce qui explique comment, dans ses courtes sessions, le parlement d'Angleterre vient à bout d'expédier tant d'affaires de haute administration.

Si le défenseur des déportés de la Martinique eut obtenu la faveur d'être entendu, il aurait convaincu les esprits les plus frappés de la crainte de toucher aux questions coloniales, que celle dont il s'agit, n'est point de nature à agiter les esprits; que la mesure qu'on sollicite, est au contraire le meilleur et le seul moyen de calmer les passions.

Car, nous croyons pouvoir le dire, à l'honneur de l'humanité, la justice parle si haut au cœur de tous les hommes, qu'elle désarme les esprits les plus rebelles, et porte un baume consolateur dans les âmes honnêtes, que le spectacle du mal aigrit et irrite.

Son Exc. Mgr. le ministre de la marine a exposé la première partie des faits avec exactitude; s'il s'est trompé sur le reste, ce n'est assurément pas sa faute. Il est tout simple, par exemple, que les autorités coloniales ne l'aient pas informé de la mort des hommes de couleur déportés au Sénégal, Mondesir, François Denis, Jacques Chantera et Vincent Lubin, et que plusieurs autres étaient dévorés par des fièvres et des dyssenteries, fruit de ce climat brûlant.

Il est possible qu'au moment du départ de M. le commandant Roger, ces infortunés n'eussent pas encore succombé. Cependant le fait est attesté par une lettre des déportés eux-mêmes, datée de Saint-Louis Sénégal du 23 octobre 1824, qui a été mise sous les yeux de la commission. Cette lettre ne peut pas avancer une imposture sur des faits aussi faciles à vérifier.

Son Exc. a dit, d'après les nouvelles qu'elle avait reçues, que la plupart des déportés ont fait des établissements de commerce, ou se sont livrés à la profession de leur état.

Nous sommes au contraire porteurs de lettres qui prouvent que ces infortunés ne pouvaient pas trouver même leur subsistance par leur travail, et on le conçoit; qui ne craindrait de se rendre suspect à l'autorité en prenant chez lui un déporté, un homme accusé, et, si l'on en croit ses adversaires, convaincu des plus grands crimes?

Quant aux établissements de commerce, qui croira jamais que des hommes dénués de toutes ressources, privés de la disposition de leurs capitaux, à ce point de recourir à la bourse de leurs amis en France, pour faire face aux frais les plus indispensables, que des hommes frappés d'un si grand naufrage, aient obtenu du crédit dans une colonie qui manque de capitaux, et où ils ne peuvent intéresser personne que par l'excès de leur malheur.

Au surplus, il ne faut que lire leurs lettres pour être convaincu de leur profonde misère.

Son Exc. a donc été trompé sur ce point d'humanité, comme elle l'a été sur les autres, ainsi que nous allons le démontrer.

On a parlé d'une insurrection imminente à la Martinique, et même d'un complot infâme, tramé par des hommes de couleur, qui aurait dû éclater le 25 décembre 1823, et qui aurait été renvoyé au 25 février, et ensuite au 25 avril (1). Si un pareil complot avait existé, qui aurait empêché de prononcer contre les coupables la peine capi-

_____

(1) Paroles de Son Exc. le ministre de la marine.

tale ? Qui doute que les autorités judiciaires n'eussent fait leur devoir à cet égard.

Mais il y a eu des condamnations judiciaires ! oui, mais un seul arrêt a prononcé ; mais cet arrêt est déféré à la cour de cassation par un pourvoi toujours subsistant, qu'on avait promis de laisser juger (1) et qui ne l'est pas.

Que porte cet arrêt ? il condamne plusieurs hommes de couleur aux galères, non pour attentat à la sûreté de la colonie, non pour complot, mais pour le simple fait de colportage de cette brochure, que M. le ministre de la marine avoue avoir pu circuler en France sans danger ; pour des lettres écrites au gouverneur général, M. Donzelot, lettres suppliantes et respectueuses, dans lesquelles, il est vrai, on demandait des réformes, mais quelles réformes ! ce ne sont pas les droits politiques, ce sont les simples droits civils, les droits garantis par les ordonnances de Louis XIII et de Louis XIV.

On a parlé de mouvements insurrectionnels à Démérary, et dans les colonies anglaises. Il n'y a rien eu de pareil dans les deux colonies françaises des Antilles. Qu'y a-t-il de commun entre une révolte d'esclaves et une conspiration d'hommes libres ? Quels motifs ceux-ci auraient-ils eu pour conspirer ?

Les hommes de couleur de la Martinique ont combattu en 1822 les esclaves révoltés au Mont-Carbet. Était-ce pour les imiter en 1824, et que voulaient-ils ?

On parle de fermentation dans nos colonies : citons un fait irrécusable. La Guadeloupe est placée dans les mêmes circonstances politiques ; sa population est mélangée d'esclaves, de mulâtres et de blancs ; la fatale brochure y a été introduite. Grâce à la sagesse des colons de cette île, grâce à la prudente fermeté de M. le contre-amiral Jacob et de M. le procureur-général Pellerin, il n'y a pas eu de fermentation, pas une déportation, pas un bannissement, pas une action judiciaire.

D'où vient qu'il en a été autrement à la Martinique ? le mémoire l'explique. Une lettre menaçante, insurrectionnelle, a été adressée à M. le gouverneur Donzelot ; il a essayé, par une proclamation où les hommes de couleur ne sont pas nommés, de comprimer ce mouvement. Il a cru qu'il n'en serait pas le maître. Il a cédé à regret, nous en sommes convaincus comme M. de Vaublanc lui-même, ainsi que plusieurs des administrateurs que le Roi lui a associés ;

Mais accuser les hommes de couleur d'attentat, de complot contre la vie des blancs, quand ils venaient de les défendre, au péril de leur vie, contre les esclaves révoltés au Mont-Carbet, est une injustice que l'on ne peut expliquer !

Que, loin des faits, à quinze cents lieues de la Martinique, on ait cru à cette accusation, cela se conçoit. Mais l'erreur devrait être dissipée aujourd'hui. Si elle ne l'est pas, c'est qu'on a continué de surprendre, par de faux rapports, la religion des hommes les plus éminents dans l'état, d'hommes qui, s'ils connaissaient la vérité tout entière, s'empresseraient d'accorder à l'innocence outragée la réparation qui lui est due.

(1) Le marquis de Clermont-Tonnerre, dans son opinion à la Chambre des députés, le 17 juillet 1824.

On a dit, à la tribune, qu'avant de prononcer ces déportations nom-breuses, qui ont plus que décimé la classe des hommes de couleur, qui ont enlevé à la colonie de la Martinique les citoyens les plus indus-trieux et les plus utiles, la commission administrative et le gouverne-ment *avaient procédé à des informations, que des témoins avaient été entendus; que les prévenus eux-mêmes avaient été inter-rogés* (1).

Cela était bien propre sans doute à rassurer les consciences.

Eh bien, cela n'existe pas.

Les déportés le nient tous individuellement (2). Si cette dénégation ne suffit pas, qu'on produise les interrogatoires! qu'on produise les décisions de déportation; car enfin la dénégation d'un accusé doit suf-fire, quand aucune des formes de la justice n'a été observée. Qu'on lise ces décisions à la tribune; qu'on les fasse connaître à la France.

On a dit aussi qu'avant de prononcer, le gouverneur avait appelé au conseil trois des juges de la cour royale. C'est de quoi l'on se plaint. Le règlement du roi voulait que ces décisions ne fussent pas dictées par des hommes aveuglés par les préjugés coloniaux, mais par des eu-ropéens.

Si la commission a eu des renseignemens sur l'existence d'une cons-piration future, il n'en a rien transpiré; elle a jugé d'après des dénon-ciations clandestines, qu'on n'oserait livrer au grand jour de la publi-cité.

Quant aux substitutions des enfans aux pères, des frères à leurs frè-res dans cette grande déportation, voici comment elle s'explique, et comment elle a été expliquée:

On atteste que M. Germain Saint-Aude fils, qui figure parmi les dé-portés du Sénégal, qui est l'un des signataires de la lettre du 25 octo-bre, a été arrêté pour remplacer son père, qui s'était jeté à la mer, et qu'on supposait bien à tort avoir regagné le rivage, quand, de fait, ne sachant pas nager, il s'est suicidé de désespoir (3).

Il y a eu plusieurs décisions successives de déportation.

M. *Rose Ambroise*, propriétaire à la Basse-Pointe, était à peine dé-porté, que son fils aîné l'a remplacé dans les prisons.

M. Jacques *Cadet*, riche propriétaire, est arrêté. Son fils se plaint; il est arrêté lui-même.

M. *Procope* a été déporté pour les colonies étrangères avec ses trois fils.

Montrose Pescasse a été déporté pour la même destination, en l'ab-sence de son frère.

On peut dire sans doute qu'ils ont été arrêtés pour leurs propres fau-tes. Mais l'intervalle entre les arrestations rend vraisemblable l'affir-mation des déportés, qu'ils ont été frappés après coup pour avoir protesté contre l'injustice.

D'ailleurs, n'a-t-on pas déporté sous prétexte de conspirations des personnes du sexe? n'a-t-on pas maltraité les sœurs, les épouses, les mères de ceux qu'on arrêtait?

(1) Paroles de Son Exc. le ministre de la marine.
(2) V. la lettre à Son Exc. M. le marquis de Clermont-Tonnerre, le 25 juillet 1824, en réponse à son discours du 17.
(3) V. le certificat joint aux pièces justificatives.

Ces faits sont invraisemblables, parce qu'ils sont odieux, parce qu'ils révoltent toutes les âmes honnêtes.

Mais comment en fournir ici la preuve? qu'on ordonne une enquête, et l'on saura toute la vérité. En attendant, une dénégation ne suffit pas; parce que, là où les formes judiciaires ont été omises, la voix de l'opprimé a dans la balance de la justice autant de poids que celle des accusateurs intéressés à dissimuler aux ministres du roi la vérité.

Nous désirons nous-mêmes, pour l'honneur de l'humanité, que ces faits soient démentis; mais il était de notre devoir de les présenter.

Voilà pour les faits. Quant au droit, la discussion de la Chambre a déjà suffisamment préparé les esprits; il ne nous appartient pas de nous prononcer sur des questions aussi graves.

Seulement il est de notre devoir d'éclairer la Chambre sur quelques points de législation coloniale qui ne sont pas connus, et qui peuvent égarer les hommes les plus droits.

D'abord, il est constant qu'il n'existe dans le Recueil officiel des lois de la Martinique aucune loi qui autorise les déportations sans jugement.

Nous reconnaissons qu'en fait, les bannissemens étaient pratiqués; et que c'est pour remédier à une partie des abus que ce pouvoir entraîne, que l'un des ministres du roi, a, sous la date du 10 septembre 1817, prescrit aux gouverneurs certaines formes spéciales qui, dans l'affaire actuelle ont été changées arbitrairement.

Parce que le droit de bannissement existerait, est-on dispensé d'observer certaines formes de justice? d'interroger les prévenus? de les mettre à portée de se défendre, et d'empêcher de fatales erreurs?

En second lieu, et en fait, toutes ces décisions ne sont que *provisoires*; elles portent dans leur intitulé, sauf *l'approbation de S. M.*

Toutes les décisions de déportation ont été soumises à l'approbation de S. Exc. le ministre de la marine, qui n'a pu les prendre que sous sa responsabilité.

Ici se présente la question traitée par M. le général *Foy*, de savoir si le pouvoir extra-judiciaire d'un gouverneur de colonie, peut s'étendre au-delà des limites de son commandement; si, quand il a pourvu à la sûreté de la colonie, il n'a pas épuisé ses pouvoirs; si on peut *déporter*, ou seulement *bannir*?

Tous les déportés sont venus sur les côtes de France; ils ont dû y attendre qu'il fût prononcé sur leur sort. Après deux mois environ, une décision ministérielle est intervenue, qui a renvoyé les uns au Sénégal, à l'exception de deux malades; qui en a placé quatre autres (MM. Eriché, Millet, Thébia et Laborde) sous la surveillance de la haute police.

On a semblé reprocher aux déportés d'avoir fait un appel aux passions, et de n'avoir pas eu recours à la clémence royale.

L'honneur défend de demander grâce, quand on a droit de demander justice. Au reste, ils n'ont demandé justice *publiquement* qu'après l'avoir humblement sollicitée du ministre compétent pendant deux mois; ils n'ont eu recours à la publicité qu'au moment fatal, où, malgré les promesses de sursis faites dans les bureaux, ils ont été embarqués sur le navire *le Chameau*.

Demander justice, est-ce faire un appel aux passions? Le scandale, a dit un ministre, est dans le crime; il n'est pas dans la plainte.

Depuis l'avènement de S. M. Charles X, depuis le changement partiel du ministère, et en invoquant le nom auguste du dauphin, qui a daigné s'intéresser à leur infortune, ils ont recommencé leurs humbles supplications ; LL. EExc. les ministres de la marine et de la justice en ont été saisis ; on espérait que la mise en liberté de ceux qui meurent au Sénégal de maladie et de misère, serait aussitôt ordonnée. Ils n'ont obtenu aucune réponse.

Pouvaient-ils se taire ? Qu'ont-ils gagné à leur silence ? Quelles consolations leur ont été accordées ?

Son Exc. le ministre de la marine a dit qu'une loi existait qui permettait au gouvernement de refuser l'entrée en France aux hommes de couleur.

Cet argument prouve déjà que, si M. le gouverneur général Donzelot pouvait bannir de la colonie, il ne pouvait pas *déporter* sans se mettre en contradiction avec la loi dont il s'agit.

Il est vrai, et nous ne l'avons pas dissimulé dans notre mémoire, qu'il a existé un acte du gouvernement, qui en effet paraît avoir concédé ce droit d'exclusion au gouverneur.

Mais ce n'était pas une loi : c'était un simple arrêté consulaire.

La législature venait (par une loi du 10 prairial an X) de rétablir la traite des nègres, et de soumettre les colonies nouvellement rendues à la France au pouvoir absolu du gouverneur pendant dix ans.

Le but de cette loi était de conserver aux colonies le nombre d'esclaves dont elles avaient besoin. Dès lors il était naturel de ne pas permettre qu'ils fussent amenés en France sans la permission du gouverneur ; car l'esclave est attaché au sol ; et c'est une maxime de notre droit public, que l'esclave qui a touché le sol français devient libre.

Mais le gouvernement avait-il le droit d'étendre cette servitude aux hommes de couleur nés *libres*, et l'a-t-il fait par l'arrêté du 13 messidor an X ? Non ; cet arrêté ne s'applique qu'aux hommes de couleur *esclaves*, et non à ceux investis de tous les droits civils par l'art. 59 de l'édit de mars 1685, connu sous le nom de Code noir. Voilà, d'ailleurs, ce que la chambre des Pairs aurait à examiner, si l'arrêté dont il s'agit n'avait pas été abrogé.

Elle pourrait se demander si l'acte du 13 messidor, qui n'a aucun caractère législatif, a pu porter atteinte à un droit naturel ; si la liberté des hommes est chose purement réglementaire ; si l'arrêté est autre chose qu'une décision ministérielle ; s'il a plus de force que celle que le ministre de la justice a prise le 18 nivose an XI pour interdire en France le mariage entre les blancs et gens de couleur ?

L'arrêté du 13 messidor an X est un acte de propre mouvement ; il a été rédigé par un ancien intendant de colonie (M. *Dupuy*), frappé de l'état de dégradation où étaient, avant la révolution, les hommes de couleur, avant qu'ils se fussent enrichis par le commerce. Le premier consul le signa, dit-on, pour éloigner des Tuileries le mari d'une dame de sa famille, qui était homme de couleur. C'est ainsi qu'un fait particulier amène une mesure générale.

Si cet acte avait force de loi, les hommes *libres* de couleur seraient plus maltraités en France que les étrangers ; et cependant une proclamation du roi, du 10 mars 1790, porte que les colonies font partie intégrante de l'empire français.

Mai si cet arrêté a été abrogé par l'art. 8 du Code civil, qui porte que tout Français jouira des droits civils, et par la promulgation de la Charte qui a fait tomber toutes les lois d'exception, et a déclaré tous les Français égaux devant la loi.

Au surplus cet arrêté est étranger à la mise en liberté des déportés du Sénégal.

Il est de fait que, depuis la restauration, un grand nombre d'hommes de couleur sont venus s'établir en France; pas un n'a sollicité de permission à cet égard; aucun d'eux n'a été expulsé.

C'est donc la première fois, en 1825, que l'on évoque et que l'on fait valoir comme une loi un arrêté qui a cessé d'exister avec les circonstances que l'on fait naître, oublié de tous, tombé dans une désuétude telle, que jamais l'autorité elle-même n'eût pensé à le mettre à exécution sans cette déportation, et pour prévenir peut-être les objections que M. le général Foy a fait valoir sur la conversion de la déportation en bannissement.

Il est de fait d'ailleurs que les quatre déportés auxquels on prétend que cette mesure a été appliquée, ont réellement débarqué à Brest, à la fin d'avril 1824, qu'ils y ont séjourné plus de cinq mois, avant de recevoir la notification de l'ordre de bannissement.

Enfin, que cet arrêté existe ou n'existe pas, peu importe, aujourd'hui qu'il s'agit uniquement du sort des déportés du Sénégal.

Qu'il nous soit permis en terminant de répondre au reproche qui nous a été personnellement adressé par M. le rapporteur de la commission des pétitions, relativement à une comparaison entre le sort des déportés et celui des émigrés.

Assurément si ce sont des coupables, si ce sont des incendiaires et des assassins, l'improbation de M. le rapporteur était méritée.

Mais s'ils sont innocens, si bien loin de vouloir attenter à la vie des blancs, ils ont versé leur sang pour eux, s'ils sont des sujets fidèles et dévoués, et s'ils l'ont toujours été, comme on l'a dit dans un journal qu'on n'accusera pas d'appeler à l'insurrection contre les blancs*, et comme M. le ministre de la marine en est convenu; qu'est-ce que la comparaison a d'injurieux? Ce n'est sans doute pas à cause de la couleur; un écrit imprimé à Haïti, en septembre 1824, signale un des plus distingués orateurs de la Chambre des Pairs, un des plus fidèles serviteurs du roi, comme un homme de sang mêlé, comme un frère.

Certes, ce ne sont pas ceux qui combattent l'arbitraire, et qui demandent à justifier les victimes d'une injuste persécution, qui se rendraient les apologistes des incendiaires. Si les colons blancs étaient frappés de déportation, dans des circonstances pareilles, ils les défendraient avec le même zèle. C'est parce qu'ils veulent que les blancs vivent en paix, en parfaite sécurité, qu'ils défendent les déportés de ces imputations de haine et de vengeance qu'on leur suppose. S'ils étaient devant un tribunal régulier, chacun applaudirait à leurs efforts. Qu'on leur donne des juges, qu'on nomme une commission d'enquête, qu'on produise les charges, et l'on verra avec quel empressement ils se justifieront.

Si on ne veut pas leur permettre cette justification, qu'on cesse de les accuser; qu'on mette en liberté le reste de ceux qui ont été dépor-

---

(1) Journal des Débats du 22 juillet.

tds au Sénégal, avant que la mort en ait moissonné la plupart, ou les
ait réduits au dernier état de misère que l'homme puisse atteindre, sé-
paré de ses biens, de sa famille et de ses enfans.

Une pareille demande n'est pas un appel aux passions, mais à la justice, à l'humanité.

N° XLI. — *Extrait de la séance de la Chambre des Pairs.*

20 janvier 1825 (British-Press, 10 février 1825).

M. le marquis de *Pange* fait le rapport de la pétition présentée par
M. Isambert, avocat aux conseils du roi, au nom des habitans de la
Martinique déportés au Sénégal.

Il reproduit des motifs analogues à ceux présentés dans la chambre
des députés le 8 janvier.

La commission conclut à l'ordre du jour.

M. le chancelier donne lecture à la Chambre d'une lettre qui lui a
été remise au nom de M. Isambert et par laquelle celui-ci, en rectifiant
les conclusions de la précédente pétition, se borne à demander la
mise en liberté des déportés du Sénégal, se réservant de solliciter du
gouvernement des secours pour les veuves et les enfans de ceux qui
sont morts, et pour ceux qui pourront justifier leurs pertes.

Plusieurs membres observent que la lettre dont il s'agit est une
nouvelle pétition, sur laquelle la discussion doit s'ouvrir plutôt que sur
la première, qui maintenant est retirée.

M. *Chabrol de Crousol*, ministre de la marine monte à la tribune, il
annonce que, dès le mois de novembre dernier, d'après les ordres du
roi, cette question a été mûrement examinée dans ses conseils; qu'il a
été reconnu que le pouvoir de bannir des colonies les individus dont la
présence est dangereuse a toujours été exercé par les gouverneurs;
qu'il est essentiel de le leur conserver; que l'ordonnance de 1817 a
réglé l'exercice de ce pouvoir auparavant illimité, et a créé autant de
garanties qu'en comportent des mesures extra-judiciaires, en statuant
que le gouverneur ne prononcerait le bannissement qu'après en avoir
délibéré avec les principaux fonctionnaires. Mais il a été reconnu en
même temps que la déportation en un lieu déterminé et la surveillance
de la haute police, peines portées au Code pénal, ne pouvaient en aucun cas être appliquées par un acte extra-judiciaire; qu'un jugement
rendu par un tribunal était indispensable, pour infliger de telles peines,
qui excèdent les mesures de précautions attribuées à l'autorité supérieure.

En conséquence le roi, consentant dans sa bonté que cette interprétation des lois existantes fût dès à présent appliquée aux pétitionnaires,
des ordres ont été expédiés au gouverneur du Sénégal, et il peut accorder aux déportés des passeports pour se rendre partout ailleurs qu'à
la Martinique. Quant à leur séjour en France, il ne peut, aux termes
d'un arrêté des consuls, de l'année 1822, être permis que par une autorisation du ministre de la marine.

Le ministre donne avec satisfaction ces renseignemens à la Chambre.
Il y aurait eu, dit-il, de l'inconvénient à les communiquer dans la
séance publique de l'autre Chambre, dans la situation actuelle des colonies; le retentissement de ce qui se dirait à la tribune pourrait avoir le

plus grand danger, et faire naître de l'agitation, peut-être même exciter d'horribles catastrophes. Il demande donc que le procès-verbal se taise sur tout ce qu'il vient de confier à la Chambre, et qu'on passe à l'ordre du jour sur une pétition maintenant sans objet.

M. le chancelier annonce qu'il va mettre aux voix l'ordre du jour.

M. le duc de *Choiseul* demande que l'ordre du jour soit motivé.

M. le comte de *Molé* demande le renvoi de cette pétition au ministre de la marine.

M. le marquis de *Marbois* appuie la proposition de M. de Choiseul.

Le noble pair a administré les colonies, il connaît la force des préjugés qui y régnent; il craint que la rigueur exercée contre les pétitionnaires ne porte un caractère de précipitation. Rien n'a pu motiver une déportation dans les déserts brûlans du Sénégal. Il sait mieux qu'un autre ce que c'est qu'une pareille peine, et comment sous prétexte de sûreté publique on l'applique sans jugement.

L'intérêt que la Chambre témoignera au sort des déportés ne sera que l'expression d'un sentiment qui paraît généralement partagé.

M. le *garde des sceaux* monte à la tribune. Il demande que la Chambre passe à l'ordre du jour purement et simplement. Que réclament les pétitionnaires, dit-il, par leur première pétition ? ils attaquent un acte régulier dont la nécessité est reconnue. La Chambre ne doit pas accorder son approbation à une pétition où l'on met en doute la légalité des mesures prises à la Martinique. Il y a eu mouvement préparé dans la colonie, ce mouvement avait sa coïncidence avec des mouvemens dans d'autres parties des Antilles. Les autorités sont dû montrer de la fermeté, et user des pouvoirs qui leur étaient confiés par le roi.

La Chambre n'ignore pas dans quel état précaire se trouvent les colonies. Une parole imprudente pourrait y soulever les esprits.

Quant aux nouvelles conclusions des pétitionnaires, M. le garde des sceaux a vu avec satisfaction que mieux conseillés ils se bornaient à implorer la clémence du roi, la Chambre a entendu que cette clémence a même prévenu leur désir. Ainsi toute discussion serait inutile; d'ailleurs ce serait intervenir dans l'exercice du droit royal de grâce. La Chambre excèderait ses pouvoirs et donnerait un dangereux exemple. Le ministre conclut en priant la Chambre de passer à l'ordre du jour pur et simple.

M. le vicomte *Lainé*, ministre d'état, demande la parole. (Mouvement d'attention dans l'assemblée.)

Il observe que les réclamans implorent, il est vrai, la clémence du roi, mais que ces expressions ne doivent pas être prises dans un sens officiel et légal; que ce qu'ils demandent avant tout, c'est que l'on fasse cesser le traitement cruel qui leur était infligé: ils l'ont demandé à titre de justice, et si l'on y voit quelques difficultés, ils conjurent que ce soit à titre de bonté. L'avocat qui s'est chargé de défendre la cause du malheur, a eu pour but avant tout de le soulager, et il ne faut pas abuser des paroles qu'il a employées pour représenter les pétitionnaires comme acceptant tout ce qui leur est imputé; les faits sont trop graves; l'humanité parle trop haut en faveur des infortunés déportés au Sénégal, pour que la Chambre ne témoigne pas qu'elle a pris intérêt à leur sort. La classe des hommes de couleur n'est pas hostile envers la classe des blancs ou créoles ; au contraire elle a défendu leurs vies et leurs propriétés dans plusieurs circonstances contre la population esclave et tout récemment encore dans la révolte de Mont-Carbet.

La classe des hommes de couleur a donné des preuves mutipliées de son attachement au gouvernement du roi. Elle est industrieuse, elle sert de bouclier et de moyen de défense pour la classe des blancs.

Ainsi loin d'indisposer cette classe d'hommes, il faudrait l'encourager, l'attacher au bien.

Les esprits les plus éclairés dans les colonies appellent des améliorations dans le sort des hommes de couleur, et, comme vous l'a fait connaître M. le ministre de la marine, S. M. a daigné arrêter déjà des mesures pour leur assurer certaines garanties dans le cas où la liberté individuelle serait suspendue.

Les colonies sont placées dans une position telle, que des mesures exceptionnelles y sont indispensables; mais il est possible de les concilier avec la justice. Si le droit de bannir et d'expulser est quelquefois nécessaire, jamais la déportation ne fut utile à la sûreté de la colonie.

Cependant, dans la circonstance qui a donné lieu aux réclamations dont la Chambre est saisie, on n'a pas seulement banni, on a déporté pour le Sénégal. L'on a envoyé périr, dans les sables brûlants de l'Afrique, ceux dont, par le moyen d'un honteux trafic, on avait arraché les mères, pour les transporter dans nos colonies.

Assurément je serais fâché qu'une seule de mes paroles fût de nature à fomenter l'irritation des esprits; je crois au contraire qu'elles sont propres à calmer cette irritation.

L'intérêt que la Chambre manifestera pour les individus déportés au Sénégal ne peut avoir aucun mauvais effet.

D'un autre côté la Chambre ne peut passer à l'ordre du jour pur et simple sur une pareille pétition, ce serait une marque d'improbation.

M. le baron de *Barante* ne voit pas bien pourquoi l'on propose à la Chambre de ne pas indiquer dans le procès-verbal la nature des explications données par le ministre de la marine; qu'on ne donne aucune publicité à la discussion; qu'on ne fasse pas mention des opinions que chacun de nous a pu manifester et soutenir, cela se conçoit. Les ministres y voient un grand danger pour les colonies. Nous pouvons à cet égard respecter leurs craintes et leurs scrupules. Mais ce n'est pas de cela qu'il s'agit. M. le ministre de la marine nous a appris quel était l'état de la législation sur le bannissement. Prétend-il que cette législation, ou le sens qu'on lui reconnaît aujourd'hui, restent inconnus? Il nous a dit que le roi avait ordonné que cette interprétation, donnée à un texte qui semblait cependant assez clair, fût dès à présent appliquée aux pétitionnaires. Cet acte de bonté et de *réparation* (murmures) doit-il donc être secret? cela se peut-il? ne saura-t-on pas en France et à la Martinique, que les déportés au Sénégal ont reçu des passeports, et qu'on a reconnu qu'ils étaient soumis au seul bannissement? Une telle décision est trop honorable au gouvernement du roi pour qu'elle soit tenue cachée. Il faut au contraire qu'elle reçoive le tribut de reconnaissance et d'approbation publique qui lui est dû. Si donc c'est là le véritable motif qui porte la Chambre à passer à l'ordre du jour; si c'est l'argument que les ministres emploient pour nous y décider, pourquoi ne pas le dire.

M. le garde des sceaux a allégué contre cette proposition, un argument qui n'a pas été entendu sans quelque surprise. Il a dit que la

Chambre interviendrait dans l'exercice du droit de grace. Mais, si j'ai bien entendu M. le ministre de la marine, l'acte en vertu duquel on a déporté les malheureux pétitionnaires, est extra-judiciaire. C'est une décision administrative, une mesure ministérielle. De quelques précautions qu'on ait voulu l'entourer, elle est de sa nature arbitraire; elle émane d'une autorité responsable. Nous pouvons donc l'examiner. Nous pouvons supplier le roi de se faire rendre un compte nouveau par ses ministres. Nous pouvons lui dire qu'à supposer qu'il n'y ait pas eu excès de pouvoir, il nous semble que ce pouvoir doit recevoir une application plus douce, plus humaine, nous pouvons remarquer qu'une précaution a été convertie en punition. Rien en tout ceci n'a force de chose jugée. Notre devoir est sans doute d'en parler avec prudence et réserve, de ne pas répandre au dehors ce qui pourrait être dangereux; mais dire que nous avons passé à l'ordre du jour à cause d'un fait qui nécessairement va devenir public, est assurément une chose déraisonnable. La Chambre se doit à elle-même et aux ministres d'exprimer pourquoi elle n'a pas à élever de discussion sur la demande des pétitionnaires.

M. le garde des sceaux convient que dans la rapidité de la discussion il s'est mépris, en assimilant la pétition à un recours en grâce. Ce qui l'a jeté dans cette erreur, ce sont les garanties dont a été entouré l'acte du gouverneur, garanties qui en font comme une sorte de jugement, sauf qu'il n'a pas été prononcé par un tribunal. Il s'élève avec force contre le mot de *réparation* dont s'est servi le préopinant; il rappelle l'état critique des colonies, et la conspiration qui, reconnue par un jugement de la cour royale de la Martinique, a donné lieu à des condamnations juridiques; puis ultérieurement aux mesures dont il s'agit. Il demande l'ordre du jour pur et simple.

M. le vicomte Lainé propose la rédaction suivante. « La Chambre, sur les explications données par *M. le ministre de la marine*, relativement au sort des pétitionnaires, passe à l'ordre du jour. » *Dans cette rédaction, pourra-t-on voir autre chose qu'un intérêt d'humanité?* La Chambre peut-elle d'ailleurs adopter une rédaction autre que celle qui est propre à faire connaître à sa majesté qu'elle a partagé sa sollicitude, et qu'elle a accueilli avec joie les dispositions dont M. le ministre de la marine a fait le récit. Je pense donc que la rédaction ne présente aucun inconvénient.

M. le marquis de Lally-Tollendal appuie la proposition.

Les explications données par M. le ministre de la marine sont sans doute satisfaisantes, et la Chambre les a entendues avec plaisir : mais cela suffit-il? Peut-on refuser un témoignage d'intérêt à ceux qu'une aussi grande infortune recommande à tous les amis de l'humanité?

Assurément dans le discours du noble vicomte il n'y a rien qui soit de nature à blesser les esprits les plus ombrageux.

Mais, pour éviter l'inconvénient signalé par M. le garde-des-sceaux, il conviendra que le procès-verbal de la séance s'exprime avec beaucoup de réserve sur ce point.

Le noble pair croit que l'on ne peut s'empêcher de rejeter l'ordre du jour pur et simple, et d'adopter la rédaction proposée par M. Lainé.

M. le ministre de la marine voit un très grand inconvénient à ce que l'ordre du jour soit motivé comme on le propose. Cette rédaction serait une approbation de la pétition, et un blâme indirect de la conduite des autorités de la Martinique.

Et pourquoi d'ailleurs la Chambre voudrait-elle s'intéresser pour des hommes qui, s'ils n'ont pas été jugés par des tribunaux ordinaires, ont été cependant, au jugement d'une commission instituée par le gouvernement, composée en partie de magistrats et de personnes revêtues de la confiance du roi, jugés coupables de machinations et de complots?

Il demande que, dans l'ordre du jour motivé sur les explications données à la chambre, on ne spécifie pas ces mots : *relativement au sort des déportés*, qui indiquent un intérêt particulier, ou une justification morale de ces individus.

M. le comte Molé exprime à son tour son adhésion à la rédaction proposée. L'administration des colonies n'est pas tellement dépourvue de règles que l'on doive y regarder l'exercice du pouvoir comme sans limites et sans règles. Les décisions des gouverneurs ne sont d'ailleurs que provisoires. S. M. a bien pu après un plus mûr examen de cette affaire adopter une résolution généreuse et de clémence. La mise en liberté des déportés au Sénégal aura un bon effet moral. La résolution de la chambre ne fera que le confirmer et lui donner plus d'autorité.

La rédaction proposée n'a rien qui blesse les convenances ; elle exprime l'opinion de la chambre, il la faut adopter.

M. le duc de Broglie trouve cette discussion superflue et presque puérile. En effet la décision que M. le ministre de la marine nous a fait connaître, recevra la plus grande publicité. Avant trois jours il n'y aura pas un journal qui n'en ait rendu compte. Elle ne sera pas ignorée aux colonies. Le secret que demandent les ministres n'a donc pas de motif. Les actes contre lesquels ont réclamé les pétitionnaires, n'ont pas même été examinés. La discussion n'a pas commencé, et la chambre n'a pas eu le temps de manifester une opinion à ce sujet. Elle a reçu un document qui l'a dispensée de traiter cette question. C'est ce que personne n'ignorera même lorsque le procès-verbal n'en fera pas mention.

M. le comte de Ségur, appuye la rédaction proposée par M. Lainé. La déportation est en soi une mesure si sévère, si odieuse même qu'il faudrait qu'elle fût justifiée par une disposition précise de la loi.

Or, le règlement de 1817 qu'on a invoqué ne paraît n'autoriser que les bannissements, l'insertion du mot *déportation* ne peut être qu'une erreur ; et l'usage qu'on fait de ce pouvoir, est au moins reprochable.

Maintenant la chambre pourrait-elle adopter une rédaction autre que celle qui exprime sa pensée toute entière, une rédaction qui laisserait ignorer à la France de quelle manière ont été les explications données par M. le ministre de la marine ?

Il insiste donc pour l'adoption de la rédaction de M. Lainé.

M. le garde-des-sceaux (pour la troisième fois.) Il insiste pour que l'assemblée n'accorde aucune espèce d'intérêt à la pétition. Cet intérêt ne serait pas mérité. Les pétitionnaires portent la peine de leurs criminelles machinations. Une instruction judiciaire les a constatées. Plusieurs sont condamnés juridiquement, les autres ont été signalés par la justice à la vigilance du gouverneur.

La mesure de déportation que l'on attaque était légale, ils ont été amenés dans un port français et le ministre avait le droit de les repousser du territoire. Quant au séjour au Sénégal, il n'avait rien de cette rigueur qu'on a critiquée. Le climat n'est pas essentiellement malsain. La chambre sentira combien il est pénible d'agiter devant elle des questions si délicates, combien il serait dangereux qu'il en transpirât rien dans le public.

On vous a parlé avec intérêt de la classe des hommes de couleur. Je suis loin de partager les illusions d'un des préopinans. Il vous a représenté ces hommes comme les alliés des blancs contre les esclaves noirs. Il vous a dit qu'ils étaient leur bouclier; malheureusement il n'en est rien. Il m'appartenait de dire que cette classe est dangereuse. (Murmures et agitations.) Oui, j'ai le droit de l'affirmer, des jugemens l'attestent. Il y a eu des conspirations. Peut-être y en a-t-il encore, des empoisonnemens journaliers ravagent les colonies. Tout y est en fermentation sourde. La Jamaïque, Démérari, toutes les Antilles sont sur un volcan. Tremblez qu'une étincelle partie de la tribune n'aille comme une torche incendiaire rallumer la flamme qui a consumé Saint-Domingue. Loin de diminuer l'autorité qui doit veiller sur nos colonies, encouragez plutôt ses efforts, louez-la de sa surveillance active, qu'elle redouble de précautions! qu'elle soit sévère s'il le faut; ne taxez pas de rigueur des mesures dictées par un esprit de conservation et d'humanité, n'ébranlez point la confiance que doivent avoir les autorités coloniales dans l'approbation et l'appui qu'ils trouveront dans le gouvernement. Or la rédaction proposée aura nécessairement cet effet; on demandera de quelle nature sont les explications. On agitera de nouveau la question de l'innocence ou de la culpabilité des individus déportés. Or tout est jugé à cet égard. La chambre ne veut pas sans doute reviser ce que les autorités ont cru devoir faire pour le salut de la colonie.

La discussion est fermée.

M. le chancelier met aux voix l'ordre du jour motivé sur les explications données par le ministre de la marine *relativement au sort des déportés.*

On demande le retranchement de ces derniers mots. Ce retranchement est adopté à une faible majorité.

L'ordre du jour sur la pétition est donc adopté.

(La discussion a duré depuis 3 heures jusqu'à 5.)

N° XLII.—*Lettre du secrétaire du Dauphin de France, au défenseur des déportés.*(1)

Paris, 23 janvier 1825.

(1) Le 8 janvier M. le secrétaire a dit, par ordre du prince, au défenseur qu'il ait agré ses remercîmens; que de plus S. A. R. avait mis sous les yeux du roi l'expression de la reconnaissance des déportés; que S. M. avait exprimé qu'elle en était satisfaite.

Monsieur, je me suis empressé de remettre à monsieur le dauphin, votre lettre de remercîmens pour l'intérêt que S. A. R. a bien voulu constamment porter aux déportés de la Martinique. Je vous félicite, monsieur, du succès que vous avez obtenu, je le connaissais avant l'arrivée de votre lettre, que j'ai reçue avec d'autant plus de plaisir, qu'elle me fournit l'occasion de joindre mes complimens à tous ceux que vous devez avoir déjà reçus, et que vous méritez si bien par le courage et le talent avec lesquels vous avez défendu des hommes auxquels notre bon roi vient de rendre l'honneur et la vie.

Je vous renouvelle l'assurance de ma très haute considération.

Signé. Le chef de bataillon D'ACHEN, secrétaire de S. A. R.

Nº XLIII. — *Lettre de S. A. R. le duc d'Orléans, au même*

Palais-Royal, 27 janvier 1825.

J'ai reçu, monsieur, l'exemplaire que vous avez bien voulu m'adresser du recueil que vous venez de publier sur les déportés de la Martinique. J'ai plusieurs fois témoigné à M. le Dauphin l'intérêt qu'ils m'inspirent, et je serais charmé de le témoigner autrement, si j'en avais l'occasion. Je vous remercie de m'avoir envoyé ce recueil, étant fort aise de vous exprimer, monsieur, les sentimens que vous porte bien sincèrement

Votre affectionné. *(Signé).* LOUIS-PHILIPPE D'ORLÉANS.

Nº XLIV. — *Lettre du cabinet de Madame la duchesse de Berry, au même.*

Paris, le 2 février 1825.

Madame, duchesse de Berry, a reçu monsieur, le mémoire sur les déportés de la Martinique, que vous lui avez envoyé.

S. A. R., m'a chargé de vous en adresser ses remercîmens.

Agréez, je vous prie, monsieur, l'assurance de mes sentimens distingués.

Signé, la maréchale OUDINOT, duchesse de REGGIO.

Nº XLV. — *Lettre du défenseur à Madame la Dauphine.*

Paris, ce 25 janvier 1825.

Madame, permettez au défenseur d'une classe de sujets fidèles et dévoués, auxquels S. M., par un acte de clémence et de justice, vient de rendre l'honneur et la vie, de vous adresser le recueil des pièces où se trouvent retracés leurs malheurs.

Je n'ignore pas que c'est à Monseigneur le Dauphin, que je dois l'heureux résultat qui était le but de mes efforts.

Si votre A. R. daignait jeter les yeux sur le mémoire au Roi, elle y trouverait sur la situation actuelle des hommes de couleur et des noirs, des détails propres à intéresser son cœur, en même temps qu'elle y verrait avec satisfaction les sages mesures, prises par les princes de la maison de Bourbon, Louis XIII et Louis XIV et sur-tout celles de S. M. Louis XVI, pour empêcher le renouvellement des maux que nous avons eu à déplorer. Le nom de votre auguste père, madame, est béni dans le nouveau, peut-être plus encore, que dans l'ancien monde, et particulièrement par ceux dont j'ai entrepris la défense.

La religion les a pris aussi sous sa protection spéciale.

A tous ces titres, ils croient pouvoir mériter un regard d'indulgence de la part de V. A. R.

N° XLV. — *Lettre du secrétaire de S. A. R. Mgr. le duc de Glocester, au défenseur des déportés.*

Glocester-House, 10 mars 1823.

Monsieur, j'ai eu l'honneur de recevoir, il y a peu de jours, le paquet que vous avez bien voulu m'envoyer. Je me suis empressé de présenter à S. A. R. monseigneur le duc de Glocester, la lettre que vous avez adressée à S. A. R., et la brochure.

J'ai l'honneur, Monsieur, de vous féliciter de la part de S. A. R. de l'heureux évènement qu'elle annonce, et de vous témoigner encore combien S. A. R. est sensible à vos attentions.

Il faut aussi que j'exprime la reconnaissance que je sens d'avoir été honoré d'une correspondance, avec un Monsieur qui tient un rang si exalté dans la législation de son pays.

Signé H. S. STEPHENS.

N° XLVI. — *Plaidoyer de M. Isambert, pour le sieur Eriché, sur le pourvoi dirigé contre le comte de Mauny, conseiller auditeur à la cour de la Martinique, et le comte de Cacqueray Valmenier, conseiller en la même cour.*

(Section criminelle de la Cour de Cassation.)

29 janvier 1825.

M. le conseiller Olivier présente le rapport des pièces relatives au pourvoi du sieur Eriché (1), contre un arrêt de la cour royale de Paris, confirmatif d'un jugement du tribunal de police correctionnelle, qui s'est déclaré incompétent pour statuer sur la plainte portée directement devant ce tribunal, contre M. le comte de Mauny, conseiller à la cour royale de la Martinique et M. Cacqueray de Valmenier, ex-procureur-général à la même cour, conseiller honoraire, auteurs des deux lettres insérées dans *le Drapeau Blanc* et dans *le Moniteur*, lettres que la plainte présente comme contenant des imputations calom-

_____

(1) On ne s'était pas pourvu au nom de ceux restés en France, pour ne pas les compromettre, et pour éviter des frais de consignation d'amende.

12

nieuses. M. Pesson, éditeur responsable du *Drapeau Blanc*, et Mme veuve Agasse, éditeur responsable et propriétaire du *Moniteur*, ont été aussi mis en cause.

M. *Isambert* : La voix des supplians est parvenue jusqu'au trône. La clémence et la justice du monarque se sont signalées en faveur de tous les déportés de la Martinique.

Le mérite n'en appartient certainement pas à celui qui s'était consacré à leur défense.

Nous nous sommes empressés d'en restituer le bienfait au prince auguste qui, sans aucune sollicitation de notre part et par le seul sentiment de son noble cœur, s'était intéressé au sort des malheureux déportés.

Nous l'avons restitué au Roi lui-même, dont l'inépuisable bonté a devancé le recours en grâce.

L'intercession du prince eût été plus tôt efficace, si elle n'eût été entravée dans son cours par des publications indiscrètes; si deux hommes que leur qualité de magistrats auraient dû rendre plus favorables à une justification, n'avaient joint leurs voix à celles qui combattaient les moyens employés pour éclairer la religion et pour solliciter la clémence du feu Roi.

Aujourd'hui que le succès a couronné les efforts des défenseurs des déportés, (il s'en est trouvé, et il devait s'en trouver dans tous les rangs et dans toutes les classes), il nous siérait bien mal de faire entendre d'autres accens que ceux de la reconnaissance.

Il y aurait ingratitude de notre part à ne pas rendre hommage à ce ministre bienveillant et sage qui s'est rendu, dans cette circonstance, l'organe des volontés du monarque, qui a réjoui tous les amis de l'humanité.

Pourrions-nous aussi oublier la haute chambre, qui a daigné ne point repousser l'humble supplique des déportés, et qui, par un sentiment délicat des convenances, tout en exprimant son intérêt pour le malheur, et en s'associant ainsi à la sollicitude de notre auguste monarque, a voulu laisser à la couronne tout le mérite de son bienfait?

Mais notre reconnaissance ne doit pas être indiscrète. Dans de telles circonstances, nous aurions fait avec joie l'abandon de notre pourvoi, s'il ne nous fournissait l'occasion de témoigner cette reconnaissance.

Un arrêt rendu par la cour royale de la Martinique, a condamné il est vrai, plusieurs hommes de couleur aux galères perpétuelles; mais plusieurs n'étaient que *véhémentement soupçonnés* et non convaincus. Il ne s'agissait ni de complot, ni de conspiration; mais de l'introduction de quelques écrits dangereux; il y a eu conspiration à Démérari et aux Antilles, mais dans la population esclave et non dans celle des hommes de couleur, fortement intéressée au maintien du bon ordre, et qui, à la Martinique, a pris les armes contre les révoltés du Mont-Carbet. Mes clients ont été *déportés*; ils ne l'ont pas été par jugement, mais par mesure administrative. Or, il a été reconnu au conseil du Roi que l'administration n'avait pas le droit d'infliger des peines; tout ce que l'on peut dire de la mesure qui les a frappés, c'est qu'ils ont reçu la *rigoureuse considération du malheur*, selon sa belle expression dont M. Portalis, président de la cour, s'est servi à

l'égard de M. Barbé-Marbois , l'un de ses collègues (1). La même
bouche a loué M. de Malleville, ancien président de la cour, pour avoir
généreusement et publiquement protesté contre les proscriptions du
18 fructidor.

(M. Isambert entre dans la discussion des moyens qu'il présente à
l'appui de son pourvoi.)

Les lois de la France continentale ne sont point obligatoires dans
les colonies françaises. C'est un principe de droit public incontestable,
qu'il n'y a de lois dans les colonies que celles qui sont émanées de l'autorité souveraine et enregistrées dans les cours de justice , selon l'ancienne forme conservée jusqu'à présent.

Nous n'avons rien trouvé dans le recueil officiel des lois de la Martinique jusqu'en 1824 , qui confère aux magistrats de la colonie le
privilége de jurisdiction dont voudraient se prévaloir MM. Mauny et
Cacqueray de Valmenier.

Or , si l'on peut suppléer au silence des lois positives par le droit
naturel , si par exemple , ainsi que nous l'avons soutenu nous-mêmes,
le droit d'être entendu dans notre défense avant d'être déportés, devait nous être accordé , par cela seul qu'il n'était pas défendu par le
réglement relatif aux bannissemens, il n'en est pas de même d'un
privilége, quelque respectable qu'en soit le motif. Ces priviléges sont
privatifs.

Maintenant , les établissemens coloniaux sont-ils de même nature
que ceux de la métropole? Non, messieurs, tout y est différent.

Les colonies forment des sociétés politiques à part. Ce n'est pas à
dire qu'elles vivent sans lois; que les formes protectrices de l'innocence , que la justice enfin , n'y doive pas être observée ; la justice est
de tous les temps et de tous les lieux; mais il en résulte au moins que
tout ce qui est privilége dans la métropole , n'existe pas de plein droit
dans l'établissement colonial. L'observation du droit commun y a paru
suffisante.

Pour le maintien du privilége établi par l'article 481 du Code
d'instruction criminelle, on suppose que la plainte sera adressée au
ministre de la justice. Jusqu'à la décision du ministère, aucun jugement ne peut intervenir. La justice serait donc interrompue dans les
colonies par la nécessité de cette autorisation préalable.

Et, en supposant que la plainte soit faite dans la colonie même, comment pourra-t-il y être donné suite, si le législateur ne veut pas que la
cour à laquelle appartient le membre inculpé , soit investie de la jurisdiction.

La question change-t-elle de nature, parce que le délit supposé aurait été commis en France? nullement. C'est comme si les juges du
royaume de Hanovre prétendaient aux priviléges des grands juges
d'Angleterre ; comme si les magistrats de la république des sept îles
prétendaient à Londres à des honneurs publics.

Après quelques autres développemens le défenseur termine en ces
termes :

Au reste, puisque notre justification morale est achevée, nous n'a-
vons plus d'intérêt à suivre contre les magistrats de la Martinique ;

(1) Discours à la chambre des pairs, Moniteur du 29.

que nous importe la publication de MM. Mauny et Valmenier? si elle fut malveillante, leur conscience en fera justice; si elle ne fut qu'imprudente, on peut la laisser tomber dans l'oubli.

Notre mandat est terminé. Pouvions-nous le refuser ce mandat quand il nous fut adressé du bord d'un navire, où, à la vue des côtes de France, un grand nombre de chefs de familles, accablés par l'excès du malheur, mais pleins d'espoir dans la justice du monarque, soupiraient après une justification complète et publique, qui fit connaître à l'ancien comme au nouveau Monde, leur innocence, celle de leurs familles, et d'une caste nombreuse dont ils forment l'élite?

Pouvions-nous le refuser, quand il s'agissait de leur faire rendre la vie et l'honneur? Pouvions-nous le refuser, parce que l'exercice de ce mandat était rempli d'obstacles et de périls?

Fasse le Ciel que nous n'ayons plus à courir de carrière semée d'autant d'écueils! carrière dans laquelle, faute de guides, il est si facile de faire des faux pas, et où il ne suffit pas d'être guidé par le sentiment profond du devoir et par le flambeau de la justice!

Mais le souhait que nous formons est déjà réalisé. Grâces aux mesures qui ont été arrêtées par la sagesse du roi et de son gouvernement, on ne verra plus agiter devant les tribunaux français, ni devant les premières autorités de l'état, de ces questions qui remuent tous les esprits.

Si la liberté individuelle est suspendue encore et provisoirement sans doute, dans les colonies, des formes protectrices de l'innocence, et de nature à éviter d'affligeantes méprises seront observées.

Si jamais on est réduit à bannir, on ne déportera plus; et *les sables brûlans de l'Afrique ne recevront plus les enfans de ceux, dont par un trafic aujourd'hui illégal, et toujours odieux, les mères avaient été transportées dans nos colonies.*

Malgré ces moyens, la Cour a rejeté le pourvoi, par le motif: « Que si les colonies, conformément à l'art. 73 de la Charte, sont régies « par des lois et des réglemens particuliers, il ne s'en suit pas que les « cours de justice qui y sont établies, ne fassent point partie de la magis- « trature française; qu'ainsi leurs membres doivent jouir, sur le conti- « nent français, des droits et prérogatives attachés à cette qualité;

« Et qu'il importe peu que le Code d'instruction criminelle et la « loi du 20 avril 1819 aient été ou non promulgués à la Martinique, puis- « qu'ils obligeaient la cour royale de Paris et le tribunal correctionnel « dans le territoire duquel le délit qui fait l'objet de la plainte aurait été « commis. »

www.ingramcontent.com/pod-product-compliance
Lightning Source LLC
Chambersburg PA
CBHW051725090426
42738CB00010B/2088